Memorias de una pianista:

La extraordinaria historia de una cubana prodigio

Por la autora del libro
Esperando en la calle Zapote,
ganador del Premio Latino Books Into
Movies, categoría Serie Dramática de TV
y
Hermanos: Los Pedro Pan Boys
Ganador del International Latino Books
Award, categoría Mejor Novela de Ficción

Betty Viamontes

Memorias de una pianista:

La extraordinaria historia de una cubana prodigio

Publicado en los Estados Unidos por

Zapote Street Books, LLC, Tampa, Florida

Portada del libro por SusanasBooks LLC

Esta es una obra de ficción creativa basada
en hechos reales.

ISBN: 978-1-955848-32-9
Impreso en los Estados Unidos de América

Les dedico este libro a:

Lázara Portomene, quien proporcionó los testimonios que sirvieron de base para esta historia.

Mi madre por enseñarme que todo es posible.

Mi amado esposo, por todo su apoyo y sus sugerencias en algunas partes de este libro. Mi hijo y mi familia, por todo su apoyo.

Mis leales lectores, por leer mis libros y animarme a seguir escribiendo.

Los miembros de todos los clubes de lectura, quienes tan amablemente han elegido leer *Esperando en la calle Zapote*, *La danza de la rosa*, *Los secretos de Candela y otros cuentos de La Habana*, *La Habana: El regreso de un hijo* y *La niña de Arroyo Blanco* para discusiones grupales.

A los grupos de Facebook *All Things Cuban*, por proporcionar un espacio para compartir las historias y la cultura del pueblo cubano, y a Women Reading Great Books, por crear un foro para que autores y lectores se reúnan.

"Una historia que abarca toda una vida. Es rica en imágenes y, a veces, es ligera y divertida, a pesar de la seriedad del telón de fondo de una Cuba todavía encadenada". Susana Mueller, podcaster internacional de *The Green Plantain Cuban Series* y autora de *Now I Swim*.

Capítulo 1

Soy solo yo

Parada junto a una carretera, observo ansiosamente el autobús de la embajada cubana que se aproxima, rodando lentamente sobre los escombros del camino. El cielo hoy es de un azul tranquilo, pero cuando mis compañeros y yo miramos a nuestro alrededor, el paisaje parece una zona de guerra: edificios derrumbados, paredes abiertas como heridas, polvo por todas partes.

Finalmente, mi grupo musical y yo estamos siendo rescatados.

Hubo un momento en que pensé que esto nunca sucedería. Pensé que moriríamos de hambre y sed en este lugar que, hasta hace apenas unos días, yo había considerado un paraíso.

Es increíble lo rápido que la vida puede cambiar. Nunca imaginé que me sentiría tan feliz de regresar al lugar del que tantos quieren escapar. Sin embargo, ahora mismo lo único que deseo es volver a casa.

Muchos de mis amigos darían su brazo derecho por la oportunidad de vivir en otro país. Algunos integrantes de mi grupo incluso habrían preferido quedarse aquí... bueno, hasta hace unos días.

Entonces ocurrió lo inconcebible. Era como si la naturaleza misma hubiera decidido conspirar contra nosotros.

Pero no quiero adelantarme. Este no es el punto en el que quería empezar la historia.

Para empezar, ni siquiera fue idea mía contarla. Una escritora se interesó en mis vivencias y me convenció de compartirlas para un libro que dice que quiere escribir. No tengo ni la menor idea de por qué alguien querría saber algo sobre mí.

No es como si yo hubiera hecho algo extraordinario por la humanidad. Por ejemplo, inventar ventanas y puertas capaces de resistir un huracán de categoría 5.

¿Dónde estaban esas ventanas y puertas hace unos días cuando realmente las necesitábamos?

Mi primo Gustavo, que vive en los Estados Unidos, inventó unas así hace años. Y, que yo sepa, nadie ha escrito su historia.

Increíble. Nunca entenderé a la humanidad.

Pronto regresaré a mi vida: mi pequeño apartamento, mis dos sillones y el viejo colchón que cada noche castiga mis articulaciones como si tuviera algo personal contra mí.

También volveré a mi vieja cafetera, esa que solo uso cuando vienen visitas.

Vivo sola en un apartamento del segundo piso de un edificio despintado en Centro Habana. El edificio fue construido en los años cincuenta, lo cual, curiosamente, significa que está en mucho mejor estado que muchos de los que se ven en las calles de La Habana Vieja.

Mis amigos dicen que los hago reír. Tal vez porque no me tomo la vida demasiado en serio.

Como decía Celia Cruz: «La vida es un carnaval». Ese es mi lema.

Soy solo yo

Cuando miras la vida como yo, cosas que normalmente te harían querer golpearte la cabeza contra la pared de pronto se vuelven un poco más soportables. Y Dios sabe que mi vida ha estado llena de ese tipo de situaciones.

Tengo más de setenta años.

¿Para qué seguir contando después de los setenta? Ni yo misma lo sé. Pero no siento la edad. Me mantengo activa y, además, como poco.

Hasta hace seis meses tenía un perro. Era mi compañero y mi confidente. Si alguna vez ha tenido una mascota, seguramente entenderá lo profundo que puede ser ese vínculo.

Yo hablaba con él de todo. A veces le decía:

—¿Puedes creer cuánto tiempo estuve hoy haciendo cola en el supermercado?

Se sentaba a mi lado y escuchaba con la misma paciencia que un buen amigo.

Por eso, cuando murió —a apenas tres metros de mí, sobre un colchón de trapos que yo había acomodado en una esquina de la sala— me senté a su lado y lloré durante horas.

Me tomó semanas recuperarme. Tres meses después, caminando de regreso a casa desde la parada del autobús —tras esperar dos horas por uno que nunca llegó— encontré a una perrita abandonada.

Era blanca con manchas negras. Se acercó, ladró una vez y movió la cola mientras me miraba fijamente, como si quisiera decirme algo.

—Tienes hambre, ¿verdad? —Le pregunté al ver su cuerpo huesudo.

Soy solo yo

En el momento en que vi a Motica (el nombre que le puse), me di cuenta de cuánto nos necesitábamos.

Motica se sienta a mi lado cuando toco mi piano eléctrico. Cuando lo hago, pienso en mi hermano, quien, con mucho sacrificio, me lo envió desde los Estados Unidos. Cada vez que termino un nuevo arreglo musical para mi banda, se lo dedico a él.

Soy compositora y directora musical y nuestro grupo es muy popular entre los turistas. Nuestra cantante dice que tiene mi edad, pero no le creo. Aparenta tener veinte años menos: apenas tiene arrugas y posee movimientos de baile que pocas personas de nuestra edad podrían imitar. Yo me rompería uno o dos huesos si lo intentara.

También posee un extraordinario talento para el canto.

Alegría. Ese es su nombre y el de la banda. Un nombre irónico, dada la cantidad de personas que se sienten miserables en esta isla.

Alegría, la persona, y yo somos mejores amigas. Las dos miramos la vida de forma positiva. Sentir lástima por nosotras mismas no resolvería nada. Así que a menudo nos reímos de su techo con goteras en los días lluviosos, de los frecuentes apagones eléctricos, de nuestra ciudad en ruinas y de las interminables colas para comprar comida, que a veces terminan en peleas.

En algunas partes de La Habana, la gente sabe que no debe caminar bajo los balcones deteriorados. Varias personas han muerto aplastadas por escombros de balcones derrumbados.

Soy solo yo

Yo, por mi parte, me mantengo alejada de los edificios antiguos. Ni siquiera me gusta visitar a mis amigas de La Habana Vieja por miedo a que me caiga un balcón encima.

Una cosa es no tomarme la vida en serio y otra muy distinta es exponerme a una muerte segura.

Capítulo 2

Mi improbable nacimiento

No sé por qué Mamá decidió contarme las circunstancias de mi nacimiento. Yo jamás le habría dicho algo así a una hija. Escuchar aquella historia fue un golpe seco. Pero tuve suerte: nací con un mecanismo de defensa eficaz. Mi personalidad adaptable. Una especie de piel gruesa que me permite apartar lo que me hiere y seguir caminando como si nada hubiera pasado. Al menos por fuera.

Esto fue lo que me contó.

Mamá, alta, bien formada, de cabello corto y expresión severa, era hipocondríaca. Un día comenzó a escuchar ruidos espantosos en su cabeza. No cesaban. Zumbidos, golpes, ecos invisibles que solo ella percibía. Consultó a médicos, especialistas e incluso a un psiquiatra. Nadie encontró nada.

Si usted no ha vivido en Cuba, quizá no entienda lo que ocurrió después.

Muchos cubanos creen en la santería, esa fusión entre religiones africanas y el catolicismo, en la que los santos escuchan, negocian y exigen. Cuando la medicina falla, se acude al santo. Cuando la lógica no responde, se hace una promesa.

Eso hizo Mamá.

Cuando los ruidos persistieron, fue al Santuario Nacional de San Lázaro, en El Rincón. Se

Mi improbable nacimiento

arrodilló frente al santo, con la desesperación latiéndole en la frente, y prometió:

—Si me quitas estos ruidos, mi próximo hijo llevará tu nombre.

Tenía más de cuarenta años. Usaba un DIU. Evitaba a mi padre en sus días fértiles. Estaba convencida de que aquella promesa era segura, casi simbólica. Una moneda lanzada a un pozo sin fondo.

Pero, como decían mis tías:

—Dios obra de maneras misteriosas.

Dos semanas después, los ruidos desaparecieron.

Tres meses más tarde, comenzaron las náuseas.

—Son imaginaciones tuyas —le decía Papá, siempre dulce, siempre tranquilo.

—¡No son imaginaciones! —respondía ella—. Esto es real.

El médico confirmó lo impensable.

—En unos meses dará a luz —dijo con serenidad.

Mamá lloró como si le hubieran anunciado una tragedia.

—He sido cuidadosa. Tenía un dispositivo. ¿Cómo es posible?

—Es la voluntad de Dios.

Cuando Papá llegó del trabajo y ella le dio la noticia, esperaba indignación. En cambio, recibió júbilo.

—¡Voy a ser padre! ¡Voy a ser padre! —repetía.

—¡Mi vida se ha acabado! —contestaba ella.

Durante el embarazo lloró casi a diario. No me veía como un regalo, sino como una condena. Paleó

8

Mi improbable nacimiento

tierra en el patio bajo el sol ardiente, esperando que el esfuerzo me expulsara de su vientre.

Pero yo me aferré. Nací prematura, a los ocho meses, en La Quinta Dependiente de La Habana. Al nacer, el médico intentó hacerme llorar. No lo logré. Me frotó la espalda. Me levantó por los pies. Esperó. Nada.

El silencio se volvió pesado. La enfermera miró al doctor. El doctor negó con la cabeza.

Me colocaron en un pequeño moisés.

—Lo siento. No hay nada que hacer.

Mi padre gritó:

—¿Por qué no llora?

Nadie respondió.

Entonces recordó la promesa.

—¡Juana! Le prometiste a San Lázaro su nombre.

Mi madre abrió los ojos.

—La iba a llamar Lázara Ramona —dijo, recordando también la promesa hecha a San Ramón Nonato, patrono de las embarazadas.

Papá respiró hondo.

—Ya no importa. No podremos cumplir ninguna promesa.

Y entonces, moví un dedo. Luego un brazo. Luego el pecho. Y el llanto estalló. Un llanto fuerte, terco, indiscutible.

El médico retrocedió. La enfermera se llevó la mano a la boca.

Papá lloró.

—¡Es un milagro! —exclamó—. Se llamará Milagros.

Milagros Lázara Ramona.

Tres nombres. Dos promesas.

Mi improbable nacimiento

Una deuda con el cielo. Siempre me llamaron Milagros.

Y ahora, con los años encima, me pregunto algo que nunca me atreví a decir en voz alta:

Si desde el primer segundo de mi vida tuve que luchar para quedarme, ¿cómo no iba a pasar el resto de ella haciendo lo mismo?

Mi padre y mi hermano Alfredo

Mi improbable nacimiento

Mi querida madre

Capítulo 3

Chocolate

Mi llegada al mundo no hizo feliz a Mamá.
Tampoco a mi hermano Alfredo, que acababa de
cumplir ocho años.

Al principio yo no lo sabía. Después de todo,
¿cómo iba a entender una niña pequeña cómo deben
quererse los hermanos? Para mí, el silencio era
normal. La distancia, natural.

Pero cuando cumplí seis años empecé a notar
diferencias.

Observaba a mis primas Berta y Laura, las hijas
de la tía Angelita. Siempre estaban juntas.
Reían. Se susurraban secretos. Se defendían la una
a la otra. Había entre ellas una complicidad que yo
no conocía.

Alfredo, en cambio, me ignoraba. Si intentaba
jugar con él, se apartaba. Si me acercaba demasiado,
se marchaba.

Después de varios intentos fallidos, dejé de insistir.
Y comencé a preguntarme si habría algo defectuoso
en mí.

Alfredo no explicó su rechazo hasta que yo
cumplí siete años.

Afortunadamente, nuestra casa de dos plantas
en Mantilla, al sur de La Habana, era lo bastante
grande como para que cada cual pudiera esconderse
en su propio rincón. Mi padre la había construido

13

con orgullo para Mamá y para nosotros. Decían que era la segunda casa más bonita del barrio. La primera, según los vecinos, pertenecía a Odilio, el bodeguero. Pero si le preguntabas a Mamá, no dudaba:

—La nuestra es la mejor.

Mantilla tenía mala fama por la pobreza de algunas familias, pero yo nunca lo vi así. Cuando caminábamos por sus calles, el verde intenso de los árboles contra el cielo limpio hacía que hasta la casa más humilde pareciera digna. Las palmas reales se alzaban como guardianas silenciosas. Los flamboyanes explotaban en flores anaranjadas. El jazmín perfumaba el aire.

Yo estaba convencida de que no existía un lugar más hermoso en el mundo.

Teníamos árboles frutales y un pequeño huerto que ayudaban a alimentar a la familia. Nuestra calle no estaba pavimentada; el asfalto terminaba justo en la esquina. Cuando llovía, el frente de la casa se convertía en un fangal. Los vecinos avanzaban saltando de piedra en piedra, si es que encontraban alguna firme.

Desde el portal era casi un espectáculo.

A veces me reía al ver los intentos torpes de cruzar la calle, pero si alguien —sobre todo un anciano— resbalaba y caía en el barro, yo corría a ayudar. Luego regresaba a casa, cubierta de manchas, y me ganaba un regaño.

Pero mis padres me habían enseñado que a los mayores se les respeta y se les cuida. Si un anciano viajaba de pie en el autobús, uno debía cederle el asiento. Si no podía cruzar la calle, había que ofrecer el brazo.

Quizás esa fue la primera vez que entendí que el amor se demuestra con acciones, no con palabras.

Me encantaba visitar a mi abuela Raimunda en Santos Suárez. Era inmigrante española y el pegamento invisible de la familia González. Siempre repetía:

—No hay nada peor que ser inmigrante. Cuando emigras, dejas de pertenecer por completo a un sitio u otro. Es como arrancar un árbol tropical de tierra fértil y plantarlo en el desierto.

Yo no entendía del todo la metáfora, pero intuía que escondía una verdad profunda.

La abuela Raimunda era ternura pura. Sus manos acariciaban mi cabello con una suavidad que todavía recuerdo. Siempre tenía un pedacito de chocolate guardado para mí. Cuando me miraba, sentía que me envolvía una luz cálida, como si su amor fuera algo físico.

Nuestra familia era numerosa y ruidosa. Siempre había un cumpleaños, un bautizo, una boda o un velorio. Cuando alguien enfermaba, inundábamos el hospital como una marea. Una enfermera llegó a llamarnos "los muchos".

Y, sin embargo, me sentía sola.

Era la más pequeña. La que siempre llegaba tarde a las conversaciones. La que escuchaba más de lo que hablaba.

Y un día, cuando tenía siete años, lo supe con claridad.

Mis padres salieron por un momento a la bodega y me dejaron al cuidado de Alfredo. Estábamos en el portal.

Sin mirarme, dijo:

—Espero que sepas que no me caes bien.

Sentí que el suelo se movía.

—¿Por qué? ¿Qué te hice?

Me miró con una seriedad que no parecía propia de un niño.

—Eres una intrusa. ¿Sabes lo que significa?

Negué con la cabeza.

No me lo explicó.

Pero entendí lo suficiente.

Intrusa. Algo que sobra, invade y no pertenece.

Con el tiempo también noté que mis primas no me miraban con cariño. Berta apenas me dirigía la palabra. Laura trataba a Alfredo como a un hermano pequeño, pero a mí me observaba con una mezcla de condescendencia y distancia.

Yo era "la niña linda". La que olía a Agua de Violetas. La de los lazos en la cabeza.

La que usaba vestidos bonitos cosidos por la tía Angelita. Y, sobre todo, la niña favorita de Mamá.

Yo comía poco. Era delgada y frágil. Pero adoraba el chocolate, un lujo para nosotros en aquella época. Mamá me compraba una barra y la escondía en el gabinete del comedor.

Era solo para mí.

—¿Por qué ella sí y yo no? —protestaba Alfredo.

—Tu hermana es pequeña y no le gusta casi nada. Déjala disfrutar su chocolate.

—¡A mí también me gusta!

—Sé un buen hermano y no lloriquees.

El resentimiento creció como una planta en la sombra.

Chocolate

Alfredo se lo contó a Berta y Laura. Ellas también comenzaron a mirarme distinto. Un día, cuando estaban de visita, el chocolate desapareció.

Mamá cerró el gabinete con fuerza.

—Alfredo, ¿dónde está el chocolate de tu hermana?

—¿Por qué crees que fui yo?

—Porque te gusta y te dije que era para ella.

—¡No me comí su estúpido chocolate!

Luego Mamá preguntó a mis primas. Eso desató una discusión con la tía Angelita.

—¿Estás llamando ladronas a mis hijas?

—Solo quiero saber quién lo tomó.

Berta y Laura negaron todo.

Y el misterio del chocolate quedó suspendido en el aire durante años. Muchos años.

Capítulo 4

Uno de los niños: 1958

En 1958, cuando yo tenía siete años, comenzaron a desarrollarse en La Habana —y en toda la isla— acontecimientos que cambiarían para siempre nuestras vidas. Los revolucionarios emplearon todo tipo de tácticas para asegurar su victoria contra el gobierno de Fulgencio Batista: bombardeos, sabotajes, incendios en los cañaverales, destrucción de propiedades.

Pero yo era demasiado pequeña para entender la magnitud de lo que ocurría. Mi revolución era otra. Mi mayor desafío no era la política, sino el aburrimiento.

En mi casa no había televisor. Los libros que teníamos no despertaban mi interés. Las tardes se estiraban como chicle. Sin embargo, una vecina llamada Felicia poseía un tesoro: un televisor en blanco y negro.

Felicia invitaba a todos los niños de la cuadra a ver los muñequitos. No lo hacía por generosidad desinteresada; era emprendedora antes de que esa palabra se pusiera de moda. Vendía durofríos, dulces y golosinas caseras. Ir a su casa era como asistir a una fiesta de cumpleaños... con un precio de entrada.

Mamá me permitía ir, probablemente porque Alfredo me acompañaba. Pero rara vez dejaba que mis amigas vinieran a jugar a casa.

Siempre tenía una razón.

18

Uno de los niños: 1958

—No confío en sus padres.

—No quiero que nadie me robe nada.

—Yo puedo jugar contigo. No necesitas amigas.

Si yo quería jugar a las casitas o con muñecas, Mamá colocaba el juego de té en la mesa del comedor y se sentaba frente a mí.

¿Quién juega a las casitas con su madre?

—No quiero jugar contigo. Quiero jugar con mis amigas —le decía.

Entonces recurría a Alfredo.

—¿Por qué no juegas con tu hermana?

—¡Es una niña! —respondía él, ya con quince años—. Yo no juego con niñas. Soy varón.

Ahí terminaba la conversación.

Yo me quedaba en el portal, pateando distraídamente mis zapatos ortopédicos, mirando el lote vacío al otro lado de la calle donde Alfredo y sus amigos jugaban al béisbol o a las canicas. Los observaba durante horas.

Veía el movimiento del brazo al lanzar. El sonido seco del bate al golpear la pelota. Las carreras hacia las bases.

Parecía fácil.

Así que empecé a practicar sola.

Cuando los muchachos se iban, tomaba el bate de Alfredo, cruzaba la calle y lanzaba la pelota al aire para golpearla yo misma. Practiqué correr. Practiqué lanzar. Practiqué hasta que el polvo del terreno se me metía en las uñas.

También aprendí a jugar con canicas y hasta a patinar como ellos.

Un día reuní valor.

Uno de los niños: 1958

Me acerqué al grupo y le pedí a uno de los mayores que me dejara jugar.

Se rieron.

—Eres una niña —gritaron varios.

Me crucé de brazos e hice un puchero.

—¿Qué haces aquí? Se lo voy a decir a Mamá. Vete para la casa —gritó Alfredo desde el otro lado del terreno.

—¡Quiero jugar! —le respondí—. Te garantizo que soy mejor que tú.

Uno de los chicos soltó una carcajada.

—¡Oye, Alfredo! Tu hermana es un gallito de pelea. Déjala jugar. Será divertido verla fracasar.

—No voy a jugar con una niña —dijo Alfredo—. Y menos con mi hermana.

—¡Déjenla jugar! —gritaron otros.

Alfredo lanzó la pelota al suelo con fastidio. Rebotó contra una piedra y voló al aire. Otro muchacho la atrapó.

—Si quieren jugar con ella, allá ustedes —dijo—. Yo me sentaré a verla hacer el ridículo.

Sentí la sangre hervirme.

No era solo un juego. Era una declaración.

Un muchacho me dio el bate. Otro tomó posición como lanzador. El terreno improvisado parecía, de pronto, un estadio.

La primera bola fue demasiado alta. No intenté golpearla. La sonrisa del lanzador me dijo que lo había hecho a propósito.

—¡Bola! —gritó alguien.

—¡Pónchala! —Aulló otro.

El lanzador se rió.

—No vas a ganar este jueguito.

Uno de los niños: 1958

Tomé aire. Sentí el polvo bajo mis pies. Me coloqué como los había visto hacerlo cientos de veces. Esta vez no era espectadora.

Era mi turno.

Vi el brazo levantarse, el cuerpo girar y la pelota venir hacia mí.

Esperé.

Y cuando estuvo a la distancia exacta, balanceé el bate con todas mis fuerzas.

El golpe sonó limpio.

La pelota voló por encima del terreno, por encima de las cabezas, más allá del lote.

—¡Jonrón! —gritó uno.

—¡Corre! —gritó otro.

Corrí hasta que me indicaron que me detuviera.

Alfredo pateó la tierra con rabia.

No entendía por qué no se alegraba.

—Me voy a casa —dijo.

—Quédate, chico. Tu hermana es buena. Es increíble.

Los muchachos me rodearon.

—¿Quién te enseñó?

—Aprendí sola —les dije—. Mirándolos.

Ese día algo cambió. No solo en el juego. En mí.

Por primera vez no fui la intrusa. No fui la niña del chocolate escondido. No fui la pequeña que sobraba. Ese día me gané un lugar en el terreno.

Y ya no estuve tan sola.

Mi hermano Alfredo y yo, 1954

Capítulo 5

Conociendo a mi ídolo - 1958

Antes de que la icónica Celia Cruz —la querida cantante negra que conquistó Cuba y luego el mundo— se convirtiera en un fenómeno, otra mujer ya era leyenda en la isla: Celeste Mendoza, la reina del guaguancó.

Celeste era una mulata oriental, de cuerpo firme, mirada viva y voz dorada capaz de estremecer hasta el alma más fría. Tenía un repertorio amplio: sones, guarachas, rumbas... canciones que parecían brotarle de la piel como el sudor en una tarde de agosto.

A Celia Cruz la llamaban La Guarachera de Cuba. A Celeste Mendoza, en cambio, le decían la mulata del sabor.

Actuaba con frecuencia en el Cabaré Parisien del Hotel Nacional —donde trabajaba mi padre— y también en la televisión. Yo llegué a pensar que mi padre estaba enamorado de ella; no porque lo dijera, sino porque se le notaba. Cuando hablaba de Celeste, se transformaba. La voz se le elevaba, las manos se le agitaban, el rostro se le iluminaba como si estuviera contando una historia sagrada.

Cada año, la alta gerencia del Hotel Nacional organizaba un gran espectáculo e invitaba a los trabajadores y a sus familias. Celeste cantaba y bailaba alrededor de la gran piscina del hotel, bajo las luces, con el mar tan cerca que la noche olía a sal y a perfume.

A mí me encantaban esas fiestas. Eran una ventana a otro mundo.

En 1958, mientras nos preparábamos para asistir al espectáculo, mi padre me preguntó:

—¿Quieres conocer a Celeste Mendoza?

Sentí que el corazón se me subía a la garganta. Abrí los ojos como platos y asentí con tanta fuerza que casi me mareo. Me fascinaba el mundo del espectáculo: el baile, las luces, los vestidos brillantes, los peinados perfectos, el maquillaje... y esa música que parecía tener el poder de mover el cuerpo aunque uno no quisiera.

—¿Tú eres su amigo? —Pregunté, aunque ya sabía la respuesta.

—Sí. Somos muy buenos amigos. Siempre llega temprano, antes de cantar, y viene a hablar conmigo. Es una persona maravillosa.

Mamá lo miró con rabia. Frunció el ceño y cruzó los brazos. Su mirada era tan intensa que, si las miradas mataran, mi padre habría caído fulminado allí mismo. Resopló como una loba a la defensiva.

—¿Y cuál es tu problema con esa mujer? ¿Estás enamorado de ella?

Mi padre sonrió, divertido, y se acercó con los brazos abiertos. La abrazó con ternura y le susurró:

—¿Estás celosa?

—¡No estoy celosa! —protestó ella, apartándose con brusquedad.

Pero yo sabía que mentía.

Aquella noche, mi padre estaba guapísimo con su guayabera blanca de manga larga. Mamá no se quedaba atrás: llevaba un vestido largo de color beige que le había confeccionado su hermana, la tía Angelita. Parecía una señora importante, de esas que caminan como si el mundo les debiera respeto.

Yo no podía dejar de pensar en Celeste.

—Entonces, Papi... ¿de verdad podré conocerla? —insistí.

—¿Y por qué quieres conocerla? —preguntó Alfredo con su tono fastidioso.

—¡Porque quiero ser como ella! —respondí sin pensarlo.

Mi hermano soltó una breve risa.

—No sabes lo que quieres.

Siempre encontraba la manera de pincharme.

—No molestes a tu hermana —le dijo mi padre.

Luego me miró y añadió:

—Claro que sí. Vas a hablar con ella.

Cuando llegamos al hotel, el aire estaba tibio y húmedo. La brisa del Caribe me acariciaba el cabello como una mano invisible. Y entonces Celeste empezó a cantar.

Su voz me atrapó. Me envolvió.

Me hizo olvidar todo: el barrio, la casa, las peleas, los zapatos ortopédicos, el chocolate escondido, la sensación de no pertenecer.

En ese instante yo no era una niña triste. Era pura atención. Pura emoción.

Y lo supe.

Yo quería pertenecer a ese mundo. No sabía cómo. Pero lo quería con una fuerza que me asustó.

La noche fue exactamente como la había imaginado: música, baile, luces, risas, el aroma dulce y grasoso de la comida cubana flotando en el aire como una promesa.

Al terminar la actuación, mi padre me tomó de la mano.

—Juana —le dijo a mamá—, quédate aquí con Alfredo. Vuelvo enseguida.

Y desaparecimos entre la multitud. No sabía hacia dónde íbamos. Todos a mi alrededor eran más altos. Solo veía piernas y vestidos, zapatos elegantes que brillaban bajo las luces. Olía perfumes afrutados y almizclados y el humo del tabaco mezclado con el salitre del mar.

De pronto escuché la voz de mi padre:

—¡Celeste!

Y luego, una risa viva.

—¡Oye! ¡Qué bueno que viniste! —Dijo ella.

—No me lo perdería por nada del mundo —respondió mi padre—. Eres la reina de esta isla.

Entonces la vi.

No tenía un rostro delicado; no era "bonita" como las actrices de las revistas... pero su sonrisa la hacía inmensa. Su presencia llenaba el espacio. Era como si estuviera hecha de luz.

Y ahora estaba frente a mí. Mirándome.

—¿Y quién es esta niña tan linda? —preguntó, acariciándome el cabello.

—Esta es Milagros —dijo mi padre con orgullo, empujándome suavemente hacia ella.

Me quedé rígida, sin saber qué hacer. Me encogí de hombros, como si mi cuerpo no entendiera que estaba frente a mi ídolo.

—Hola, mi amor —dijo Celeste con una voz dulce, cálida, como si me conociera de toda la vida.

Conociendo a mi ídolo - 1958

—Mi hija dice que, cuando sea grande, quiere ser como tú —añadió mi padre.

Celeste se inclinó y me habló al oído, tan cerca que pude oler su perfume.

—Y estoy segura de que lo serás —susurró—. Lo único que tienes que hacer es creerlo. Así de sencillo.

Sentí que la cara se me encendía. Bajé la mirada, sin saber dónde meter las manos.

—Es tímida —dijo mi padre.

Celeste soltó una risa suave.

—Eso se le quita. Ya lo verás.

Aquella fue la mejor noche de mi vida.

Mientras la brisa marina soplaba y las luces del hotel brillaban como estrellas artificiales, algo pequeño se encendió dentro de mí. Un fuego.

Y supe —sin entender todavía por qué— que ese encuentro acabaría cambiándolo todo.

Capítulo 6

Tocando de oído - 1958

Aquella soleada mañana de sábado estaba sentada en el suelo, en la esquina de nuestro pequeño pero impecable comedor, en la casa que mi padre había construido en el barrio de Mantilla. Frente a mí tenía una lata redonda vacía, de unos dos pies de diámetro, colocada boca abajo. Con dos palos golpeaba su superficie plana y creaba mi propia música.

Todas las ventanas estaban abiertas. El sol se filtraba por la más cercana y hacía brillar una esquina de la mesa cuadrada del comedor.

Desde donde estaba podía ver a mi madre en la cocina, preparando frijoles negros y arroz. La casa olía a cebolla, ajo, orégano y salsa de tomate. Me pregunté si ella sabía cuánto detestaba los frijoles negros. Me gustaban los rojos, los blancos, incluso los garbanzos. Pero los frijoles negros me cansaban. Los cocinaba con tanta frecuencia —quizá porque eran fáciles y rendían mucho— que ya no los soportaba. Se me quedaban pesados en el estómago.

—¡Milagros, por el amor de Dios, deja de hacer tanto ruido! —gritó mi madre desde la cocina.

Al oírla quejarse, golpeé la lata con más determinación. No sabía por qué me divertía verla disgustarse por cosas tan pequeñas.

Mi cabello largo y negro rebotaba mientras movía la cabeza rítmicamente hacia adelante y hacia atrás.

Mi padre se levantó del sillón de la sala, donde estaba leyendo el ejemplar más reciente de la revista *Bohemia*, y se dirigió a mí. Vestía una camiseta blanca, pantalones cortos azules y chancletas de color carmelita. Se quedó de pie frente a mí unos segundos y luego comenzó a aplaudir, con los ojos brillándole de orgullo.

—No es ruido lo que hace nuestra niña, Juana —dijo—. Está tocando muy bien.

—¿Y qué va a hacer después? ¿Bailar como las muchachas del Cabaré Tropicana? —replicó mi madre.

—¿Y qué tiene de malo eso? Si a nuestra hija le gusta la música y las artes, ¿no deberíamos apoyarla? Su profesor de música me habló el otro día cuando fui a recogerla. Me dijo que Milagros tiene un oído excepcional. La vio sentada junto al piano, tocando una melodía que acababa de escucharle interpretar. Todavía no sabe leer música, pero puede repetir cualquier cosa que oye. ¡Eso es un regalo de Dios!

—¿Y ahora qué me vas a decir? ¿Que quieres comprarle un piano?

—Me leíste la mente. Eso es exactamente lo que quiero hacer.

Mi padre hablaba con una voz suave y serena, en marcado contraste con los arrebatos sonoros de mi madre.

Ella llevaba los pantalones —metafóricamente hablando— en la casa. Era un par de pulgadas más alta que papá, o al menos así me parecía cuando se ponía tacones. Casi siempre él le cedía la última palabra, pero en lo que respectaba a mi música, se mantenía firme.

—¿Te has vuelto loco? —preguntó ella—. ¿Sabes cuánto cuesta un piano?

—Ya averigüé. Doscientos cincuenta pesos.

—¡Eso es demasiado dinero!

—Soy chef y dirijo la cocina de uno de los hoteles más importantes de La Habana —respondió él con calma—. No es fácil trabajar en el Hotel Nacional. Se requieren habilidad y atención al detalle para complacer a los turistas. Gano buen dinero. ¿Qué mejor manera de usarlo que apoyando a nuestra hija?

Mi madre soltó un gruñido exasperado.

—No es que yo no trabaje. A diferencia de otras mujeres que se quedan en casa, yo también contribuyo, aunque no gane tanto como tú.

Trabajaba en la fábrica de zapatos Ingelmo, perforando calzado de hombre. Ese estilo perforado estaba muy de moda en los años cincuenta.

—No convirtamos esto en una discusión sobre dinero —dijo papá—. Te he dicho que no tienes que trabajar si no quieres. Puedes quedarte en casa con nuestra hija. Solo quiero que estemos de acuerdo. Vamos a comprarle un piano. ¿Sí, mi amor?

Hubo un breve silencio. Entonces él la rodeó con los brazos e intentó besarla. Ella lo empujó.

—¡No trates de hacerme cambiar de opinión con abrazos y besos!

Riéndose, papá preguntó:

—¿Está funcionando?

Ella agitó los brazos en el aire.

Tocando de oído - 1958

—¡Haz lo que quieras! Pero cuando se aburra de tocar, ya veremos qué haces con ese piano. Y así comenzó mi viaje como pianista.

Mi padre me compró un piano vertical usado, un Baldwin que vendía uno de sus compañeros del hotel. Era pesadísimo, pero entre él y varios colegas lo arrastraron hasta la casa y lo colocaron en un rincón de la sala, frente a los dos sillones.

Yo tocaba de oído durante horas. Al principio, solo mi padre se sentaba a escucharme. Pero después de unas semanas, incluso mi madre empezó a notar que aquello no era un capricho pasajero. A veces salía de la cocina, se secaba las manos en su delantal rosado y me preguntaba:

—¿Qué era eso que estabas tocando?

—Es una pieza de Johann Sebastián Bach que escuché tocar mi profesor. No sé cómo se llama.

Más tarde supe que era el *Minueto en sol mayor*, atribuido durante mucho tiempo a Johann Sebastián Bach, aunque en realidad fue compuesto por Christian Petzold.

Tomé clases de piano y aprendí no solo música clásica, sino también música tradicional cubana. No había melodía que escuchara y no pudiera reproducir. El piano se convirtió en una extensión de mi cuerpo, en la forma de expresar mi alegría o mi frustración, y en el instrumento con el que, sin saberlo, empecé a enfrentar el futuro que me esperaba.

Capítulo 7

Creciendo

El 1.º de enero de 1959, cuando yo tenía casi ocho años, ocurrió un acontecimiento que cambiaría para siempre la vida de mi familia.

Aquella mañana, al despertar, Cuba no tenía presidente.

Mientras la gente celebraba la llegada del Año Nuevo —bailando, bebiendo y arrojando cubos de agua hacia la calle, como manda la tradición—, Fulgencio Batista y su familia habían huido de la isla en plena noche.

La noticia se propagó como fuego en cañaveral. Y de pronto, las calles se llenaron de gente ondeando banderas cubanas, gritando, llorando, abrazándose, celebrando la victoria de Fidel Castro y los rebeldes.

Era como si el país entero hubiera contenido la respiración durante años... y por fin pudiera exhalar. Pero en mi casa, la alegría no fue tan sencilla.

De un día para otro, mi familia se fragmentó en dos.

Algunos apoyaban a Castro con fervor. Otros, más cautelosos, desconfiaban de sus promesas. Los que desconfiaban eran considerados traidores. Los que apoyaban a Castro eran ingenuos. La Revolución no solo estaba cambiando a Cuba.

Estaba cambiando la sangre.

33

Creciendo

El 19 de abril de 1959, Fidel Castro apareció en el programa estadounidense *Meet the Press* durante una visita a Estados Unidos y aseguró que no era comunista. Aquello tranquilizó a muchos, incluso a algunos de los que se oponían a él en mi familia. Parecía, por un instante, que el futuro no sería tan oscuro como algunos temían.

Pero en 1961, tras el deterioro de las relaciones entre Cuba y Estados Unidos, Castro se proclamó marxista-leninista.

Yo escuchaba esas palabras alrededor de la mesa, como quien oye nombres de monstruos.

Marx. Lenin.

Según mi padre, eso significaba comunismo.

Yo no entendía cómo alguien podía cambiar de idea tan rápido. ¿No se suponía que los adultos sabían lo que hacían? ¿No se suponía que los líderes eran firmes? Yo no sabía nada de ideologías ni de sistemas políticos ni del hambre que podía provocar una decisión tomada desde un podio.

Pregunté.

Mis padres me callaron con la misma frase que se usa para apagar la curiosidad de los niños:

—De política no se habla. Eso no es asunto de niños.

Pero aunque no entendía la política, sí entendía el ambiente. Entendía el miedo y el resentimiento. Entendía que algo se estaba quebrando.

La declaración de Castro fue una herida para muchos de sus partidarios. Algunos se sintieron engañados. Otros se quedaron callados por miedo. Y en los años siguientes comenzó el éxodo: parientes, amigos, vecinos... todos partían hacia el norte como si Cuba estuviera incendiándose.

Creciendo

Miles se fueron.

Y cada despedida era un pequeño funeral.

Mi madre, sin embargo, repetía una y otra vez las palabras de mi abuela Raimunda:

—No hay nada peor que ser inmigrante. Cuando emigras, dejas de pertenecer por completo a un lugar u otro. Es como arrancar un árbol tropical de la tierra fértil y tratar de plantarlo en el desierto.

A pesar de esas advertencias, mis primas Laura y Berta querían irse. Pero su madre, Angelita, y su esposo estaban demasiado enfermos como para seguirlas. Así que ellas pospusieron sus planes.

Mamá habló con ellas. Intentó convencerlas de que se quedaran. Laura era una de sus sobrinas favoritas: dulce, amable, siempre cuidadosa con las palabras. Berta, en cambio, era otra cosa. Se parecía demasiado a mi madre: decidida, testaruda, incapaz de doblar la cabeza.

Laura y Berta le dijeron que no tenían alternativa.

Le habían prometido a su madre que algún día se irían.

Varios de los ocho hijos de la tía Isidora —la hermana de Mamá— también emigraron. La tía Isidora se desesperó tanto con la partida de sus hijos que intentó quitarse la vida.

Yo no lo supe hasta muchos años después.

Esas cosas no se les cuentan a los niños.

Mi madre se entristeció cuando se enteró de que la tía Lucinia, otra de sus hermanas, también se marchaba. Y así, poco a poco, nuestra familia comenzó a dispersarse más allá del mar Caribe como

Creciendo

polvo en el viento... como motas de algodón arrancadas de un mismo cuerpo. Una familia deshilachándose. Una isla quedándose sola.

—No me importa lo que haga el resto de la familia —decía mi madre, aunque su voz la traicionaba—. Tú y tu hermano nacieron aquí... y aquí se van a morir.

Mi hermano y yo no respondíamos.

¿Qué podíamos decir?

A esa edad, no sabíamos nada de política.

Pero esa frase de mi madre cayó sobre nosotros como una lápida:

"Aquí nacieron... y aquí se van a morir."

Capítulo 8

Hotel Nacional

Durante muchos años, el Hotel Nacional —la imponente estructura inaugurada en 1930 frente al malecón del Vedado— fue el orgullo y la gran pasión de mi padre. Sus ojos se iluminaban cada vez que hablaba de sus responsabilidades en lo que él, sin titubear, llamaba «el mejor hotel de Cuba». Se lo contaba a la familia, a los amigos, a cualquiera que quisiera escucharlo.

El hotel había sido diseñado por la prestigiosa firma McKim, Mead & White, los mismos arquitectos de la Universidad de Columbia en Nueva York y de la Biblioteca Pública de Boston. Desde el exterior, el Hotel Nacional recordaba notablemente a The Breakers, en Palm Beach, Florida. Durante años hospedó a la élite de Hollywood, a diplomáticos extranjeros y a figuras influyentes que llegaban a La Habana atraídas por su glamour y su vida nocturna.

Pero en junio de 1960, todo cambió.

No recuerdo el día exacto en que mi padre llegó a casa con la noticia, pero jamás olvidaré su expresión. Cuando lo abracé, lo sentí tenso, preocupado, como si cargara un peso invisible. A diferencia de otras tardes, no me preguntó cómo me había ido en la escuela. Besó a mi madre en la mejilla y le pidió que lo acompañara al dormitorio. Antes de cerrar la puerta, respiró hondo.

—Tengo algo importante que decirte —le dijo. La gravedad en su rostro, las líneas marcadas entre sus cejas, me hicieron entender que algo grande había sucedido. En cuanto cerró la puerta, apoyé la oreja contra la madera y contuve la respiración.

—Fidel Castro nacionalizó la industria hotelera —dijo.

No sabía exactamente qué significaba «nacionalizó», pero pronto lo comprendería.

—¿Quién va a administrar el hotel? —preguntó mi madre.

—El gobierno.

—¿Y qué saben ellos de administrar hoteles?

Hubo un silencio.

—Nada —respondió al fin.

—¡Ay, Dios mío! —exclamó ella—. ¿Qué va a pasar con tu trabajo?

—Alguien tendrá que seguir dirigiendo la cocina —contestó papá.

—Entonces, ¿por qué estás tan preocupado?

Mi padre tardó unos segundos en responder.

—No sé si tomé la decisión correcta —dijo finalmente—. Supongo que el tiempo lo dirá.

Entonces le contó lo ocurrido días antes.

Los directivos del hotel se habían reunido con él en privado antes de abandonar Cuba.

—Angelito —le dijo uno de ellos—, queremos que usted y su familia vengan con nosotros. Tenemos un puesto para usted en uno de los mejores hoteles de Puerto Rico.

Mi padre recordó entonces las historias que mi madre le había contado sobre la vida del inmigrante: la incertidumbre, el desarraigo, el empezar desde cero en una tierra ajena. Nuestra familia tenía raíces profundas en Cuba. Él había construido nuestra casa con sus propias manos. No podía imaginar dejarlo todo atrás.

—Les agradezco la oferta —respondió—, pero no puedo irme. No puedo abandonar la casa que levanté para mi familia ni empezar otra vez desde cero. Espero que lo entiendan.

El director expresó su decepción y le deseó suerte.

Cuando mi padre tomó aquella decisión, creyó que estaba protegiendo a su familia, aferrándose a la tierra que amaba y al hogar que había construido. Nunca imaginó que las mismas fuerzas que habían transformado el hotel terminarían, con el tiempo, fracturando aquello que más deseaba preservar.

Capítulo 9

Visitando a Alfredo

En 1960, Alfredo les dijo a mis padres que quería estudiar contabilidad agrícola fuera de La Habana. Mi madre se enfureció. —Nuestro hijo se está haciendo hombre. No lo criamos para nosotros. —Tenemos que dejarlo ir — le dijo papá a mamá en su habitual tono calmado. —Pero nadie podría cuidarlo como yo —respondió ella, frunciendo el ceño.

Al principio pensé que sería bueno no tener a mi hermano cerca. Después de todo, siempre me miraba como si tuviera una bola gigante en la cabeza. Pero pronto me di cuenta de que me estaba engañando.

Cumplí diez años el 15 de enero de 1961. Para entonces, Alfredo ya se había ido de casa para comenzar sus estudios. Ese día mis padres me compraron un cake de vainilla con glaseado rosado y me cantaron "Feliz cumpleaños" en una ceremonia extrañamente sombría, que no logró hacerme sentir mejor que cuando tenía nueve años. No hubo otros niños presentes y la ausencia de mi hermano se hizo aún más evidente.

Por primera vez, entendí que lo extrañaba.

Sí, discutíamos constantemente y él me llamaba intrusa. Pero ahora comprendía esa palabra porque le había preguntado a mi maestra qué

Visitando a Alfredo

significaba. Y al entenderla, también entendí a Alfredo. Después de mi nacimiento, él dejó de recibir toda la atención de mis padres. Pensó que yo le había robado la mitad de su mundo.

Yo no lo habría visto así si hubiera sido la hermana mayor. Pero, como solía decir la abuela Raimunda:

—No puedes juzgar a alguien a menos que hayas caminado en sus zapatos.

Fuera como fuera, algo era cierto: Alfredo ya no estaba y su ausencia se sentía como si me faltara una parte del cuerpo. Estaba ansiosa por verlo de nuevo.

Mamá me dijo que estaba cerca de las montañas de la provincia de Oriente. Aunque eran unos 750 kilómetros de distancia, para mí era como si estuviera en otra parte del mundo.

Antes de que Alfredo se fuera, ocurrieron cosas que yo desconocía. Mis padres me habían protegido de las ejecuciones televisadas, del encarcelamiento masivo de opositores y de cualquier noticia que pudiera sacudir mi inocencia. Yo no sabía que muchos cubanos, dentro y fuera del país, ya desconfiaban de la Revolución.

Por eso mi sorpresa fue inmensa cuando las estaciones de radio y televisión anunciaron que Cuba estaba bajo ataque.

El 17 de abril de 1961, un grupo de exiliados cubanos, conocido como la Brigada 2506, desembarcó en las playas de Bahía de Cochinos con el objetivo de liberar Cuba del gobierno de Fidel Castro.

El país se movilizó de inmediato.

Mis padres temieron por Alfredo. Sus clases cambiaron de contabilidad agrícola a tácticas

41

militares. A él y a otros estudiantes los entrenaban para luchar contra los invasores, como se les llamaba en Cuba. La tensión en mi casa se podía tocar con las manos. Duró hasta el 20 de abril de 1961, cuando el conflicto terminó y mi madre supo que mi hermano no había tenido que ser desplegado.

La Brigada 2506, aunque pequeña, causó daños importantes. Pero sin el apoyo aéreo que Estados Unidos había prometido, los exiliados fueron superados rápidamente y no tuvieron más remedio que rendirse. Yo no sabía nada de las interrogaciones masivas, ni de los encarcelamientos, ni de las ejecuciones que ocurrieron en aquellos días. Me enteraría años después.

En los meses que siguieron a la partida de mi hermano, mi forma de tocar el piano se volvió más triste. Canalizar mis sentimientos en la música era más fácil que decirle a mi madre cuánto extrañaba a mi odioso hermano. No quería que me llamara débil ni sentimental. Podría habérselo dicho a mi padre, pero no habría cambiado nada.

Alfredo se había ido. Y punto.

Una semana antes del Día de las Madres, mamá anunció:

—¡Vamos a Oriente a ver a tu hermano!

Mis ojos se iluminaron.

—¿En serio? —pregunté.

Ella me observó con sospecha.

—¿Y por qué te pones tan contenta si él siempre te está fastidiando?

Me encogí de hombros, sin saber qué responder.

42

Pero desde ese momento me sentí llena de energía. Comencé a tocar melodías más animadas. Pasé de los boleros al mambo y al cha-cha-chá. Incluso sorprendí a mis padres bailando en la sala al ritmo de mi música. Conté los días. Conté las horas. Por fin, el sábado antes del Día de las Madres salimos de La Habana en un ómnibus interprovincial. Yo estaba eufórica. Era la primera vez que salía de nuestra provincia. En aquel entonces Cuba tenía seis provincias, además de la Isla de Pinos, y ese viaje nos permitiría cruzar casi todo el país, excepto Pinar del Río e Isla de Pinos. Años después, esas seis provincias serían divididas en catorce.

Como era costumbre antes de la Revolución, mis padres se vistieron como si fueran a misa. Mi padre llevaba un traje. Mi madre, con un vestido elegante que le había confeccionado la tía Angelita. Aunque yo tenía diez años, mamá me colocó una cinta en el cabello a juego con mi vestido rosado. También me puso calcetines blancos y zapatos negros de charol.

Por suerte, no esperamos hasta julio para hacer el viaje. El ómnibus no tenía aire acondicionado y, aunque las ventanas estaban abiertas, el calor era insoportable, sobre todo cuando el vehículo se detenía.

Después de las dos primeras horas, mamá se quedó dormida. Yo, en cambio, no podía apartar los ojos de la ventana.

Era cierto que vivíamos en una zona semirrural, pero nada se comparaba con la belleza interminable de la campiña cubana.

43

Visitando a Alfredo

Inhalé el aire húmedo de la mañana y contemplé las llanuras salpicadas de palmas reales, arbustos y framboyanes en flor. Escuchaba el canto de pájaros coloridos que cruzaban el cielo limpio, azul, sin una sola nube. Los campos verdes parecían no tener fin.

Me pregunté si José Martí, nuestro héroe nacional y poeta, habría encontrado inspiración en paisajes como aquellos.

Los campos cubanos eran perfectos para escritores: baladas visuales compuestas por la naturaleza.

Durante el viaje, mi padre se convirtió en una enciclopedia viviente. Me habló de la cordillera del Escambray, en el centro del país, una de las más pintorescas del Caribe, ideal para los amantes de la naturaleza y los observadores de aves. Me habló de sus cuevas, de sus ríos.

No mencionó, sin embargo, la rebelión del Escambray: los grupos de insurgentes escondidos en esas montañas que luchaban contra el gobierno de Castro. Muchos terminarían encarcelados o ejecutados.

En cambio, papá me habló de la ciudad colonial de Trinidad, con su arquitectura española, y de Topes de Collantes, con sus montañas húmedas y su famosa cascada: el Salto del Caburní, de sesenta y dos metros.

Durante los años anteriores había asistido a una escuela primaria reservada para los hijos de los trabajadores del transporte de La Ruta Cuatro. Mi padre no trabajaba allí, pero gracias a sus contactos logró inscribirme. La escuela me dio una buena educación, pero nada se comparaba con lo que estaba aprendiendo en aquel viaje.

Ese trayecto hacia Oriente me despertó un nuevo deseo: conocer otros lugares del mundo, como lo había hecho mi ídolo, Celeste Mendoza. Empecé a pensar que tal vez la profesión con la que yo soñaba podría abrirme esas puertas.

Cuando finalmente llegamos a Holguín, una de las ciudades más grandes de Cuba, caminamos hasta un pequeño hotel llamado Los Ángeles. Para entonces el sol ya se había escondido y los grillos cantaban afuera como si anunciaran la noche.

En aquella época, hasta 1976, Holguín aún formaba parte de la Provincia de Oriente. Después se convertiría en provincia.

Nos refrescamos un poco y bajamos al vestíbulo para preguntar dónde podíamos comer. Un joven alto nos escuchó —aparentemente era un huésped del hotel— y nos recomendó una fonda cercana, un restaurante familiar propiedad de un español.

No recuerdo qué pidieron mis padres. Pero los huevos con arroz blanco que comí no permanecieron mucho tiempo en mi estómago. Vomité una y otra vez hasta la madrugada, cuando por fin me quedé dormida en posición fetal.

El domingo, Día de las Madres, después de tomar café con leche y tostadas en la misma fonda, emprendimos una larga caminata hacia la escuela de Alfredo: el Instituto Tecnológico de Holguín. El edificio, blanco y aburrido, estaba lejos de la carretera principal, en un lugar aislado.

Mientras nos acercábamos, vimos a un joven muy delgado, con barba tupida, caminando hacia nosotros. Agitaba las manos con entusiasmo.

Visitando a Alfredo

El sol nos cegaba y no era fácil distinguirlo. De pronto, mi padre lo reconoció.

—¿Alfredo? —gritó.

—¿Ese es él? —pregunté, incrédula—. Mi hermano no es tan flaco ni tiene barba... ¡y ese muchacho es mucho más oscuro!

—¡Es él! —dijo mamá, horrorizada—. ¿Qué le han hecho a mi hijo?

Cuando Alfredo corrió hacia nosotros, parecía un esqueleto escapado de una clase de ciencias. Primero abrazó a mamá.

—Feliz Día de las Madres, mamá —dijo.

—Mi buen hijo —respondió ella, llenándolo de besos—. ¿Qué te han hecho?

Alfredo me miró con una expresión extrañamente amable. Me revolvió el cabello y sonrió. No supe cómo reaccionar. Entonces dije lo que llevaba guardado desde hacía meses.

—Te extrañaba mucho —confesé, bajando la mirada.

—Ven —dijo él—. Dame un abrazo.

Mientras lo abrazaba, vi a mi madre secarse una lágrima.

—¡Este es el mejor regalo que nadie me pudo dar en el Día de las Madres! —exclamó.

Pero yo no sabía qué pensar.

Algo en la mirada de Alfredo me decía que no era del todo sincero.

Mi padre fue el último en abrazarlo. Lo miró con una mezcla de orgullo y tristeza, como si en ese instante viera a un hijo que ya no le pertenecía.

Ese día Alfredo nos contó su vida en la escuela. Comía poco y pasaba horas bajo el sol. Su clase debía escalar el Pico Turquino, la montaña más alta de la Sierra Maestra, seis veces como requisito mínimo para graduarse. No entendí por qué. Cuando se lo pregunté, se encogió de hombros.

Mamá, alarmada, le preguntó por la comida. Alfredo describió un arroz blanco lleno de gorgojos, frijoles con piedrecitas y carne o pollo solo de vez en cuando. A medida que hablaba, la respiración de mamá se aceleraba. Sus manos se cerraron en puños.

—¡No pueden tratarte de esa manera! —gritó—. ¡Voy a ir a la administración y les voy a exigir que mejoren la comida que les sirven!

—Deja eso tranquilo, Juana —dijo papá con cautela—. Debes tener cuidado.

—¡Nadie me va a decir que no defienda a mi hijo! —respondió ella—. ¡Ni siquiera tú!

Mi padre negó con la cabeza, tenso.

Mamá se volvió hacia Alfredo.

—¿Dónde está la oficina de administración?

Nervioso, Alfredo señaló hacia una sección del edificio.

Sin decir más, mi madre se fue caminando a paso rápido. No entendía cómo podía moverse con tanta velocidad con aquella falda blanca que le llegaba justo por debajo de las rodillas. Por suerte, esa mañana llevaba zapatos planos. Solo podía imaginarme el tono con el que hablaría.

Mamá tenía una manera única de obligar a los demás a obedecer: su voz severa, su expresión decidida, la urgencia con que movía las manos al hablar. Si hubiera vivido otra vida, habría sido una directora de escuela temible.

Visitando a Alfredo

Regresó veinte minutos después con la frente sudorosa.

—Ya está arreglado. La comida va a mejorar. Si no, me lo dices. ¿Me oyes?

—Sí, mamá —respondió Alfredo.

Actuó como si nada hubiera pasado y el resto del día fue agradable. Tan agradable que no quería que terminara.

Aquel Día de las Madres fue el más memorable y uno de los mejores de mi vida.

Hasta poco antes de irnos, cuando Alfredo se me acercó y me susurró al oído:

—Sigo pensando que eres una intrusa. No te dejes engañar por lo que hice hoy.

Capítulo 10

La campaña de alfabetización

Mi padre nunca estuvo involucrado en la política. Después de largas jornadas en el hotel, lo único que deseaba era regresar a casa y pasar tiempo con su familia. Tal vez el hecho de no haber sido criado por sus propios padres influyó en ese deseo casi obsesivo de estar presente en la vida de sus hijos, de asegurarse de que ninguno de nosotros sintiera el vacío que él había sentido de niño. Cuando era apenas un bebé, sus padres lo enviaron a España para que viviera con sus abuelos. Aunque adoraba a sus abuelos y les debía gran parte de su formación, necesitaba a sus padres. Esa ausencia marcó su vida.

Criado en España, nunca llegó a sentirse plenamente cubano, a pesar de haber nacido en La Habana. Vivió allí hasta el estallido de la Guerra Civil Española. Entonces, sus abuelos insistieron en que regresara a Cuba. No querían que muriera en una guerra que no le pertenecía. Tenía veinte años cuando volvió.

Había visto de cerca lo que la política podía hacerle a un país: dividir familias, sembrar miedo, convertir vecinos en enemigos. No quería nada que ver con eso. Para él, la política era una fuerza destructiva, algo que arrebataba más de lo que daba.

49

La campaña de alfabetización

Mi madre, en cambio, veía las cosas de otra manera. Como hija de un inmigrante español humilde, sentía que era su deber apoyar al nuevo gobierno revolucionario. Se unió a la Federación de Mujeres Cubanas, organización que desempeñó un papel importante en la Campaña de Alfabetización de 1960 a 1961. El objetivo oficial era enseñar a leer y escribir a quienes no habían tenido acceso a la educación, pero también se buscaba forjar una nueva identidad colectiva mediante materiales educativos cargados de ideología.

Miles de jóvenes alfabetizadores fueron enviados desde las ciudades hacia las zonas rurales, donde permanecieron durante meses enseñando a campesinos y trabajadores. Cuando regresaron a La Habana, el gobierno pidió a la población que ofreciera alojamiento temporal a los educadores antes de que pudieran volver definitivamente a sus hogares.

En nuestro vecindario, mi madre fue la única que respondió al llamado.

La joven que se hospedó en nuestra casa durmió en mi cama durante tres días, mientras yo ocupaba la habitación de Alfredo. Mamá la alimentó, la atendió y la cuidó como si fuera una hija más. La escuchaba hablar de los campos, de las noches sin electricidad, de los niños que aprendían a escribir sus nombres por primera vez.

Cuando la muchacha regresó a su casa, dejó escondido bajo la almohada un pequeño frasco de colonia como gesto de agradecimiento. Mamá lo encontró al cambiar las sábanas y lo sostuvo en la mano como si fuera un trofeo silencioso.

La campaña de alfabetización

Su decisión de apoyar públicamente a los alfabetizadores le ganó respeto en el barrio. Para ella, no era solo un acto de solidaridad, sino también una inversión en el futuro. Confiaba en que su buena voluntad y su lealtad visible al nuevo sistema algún día protegerían a sus hijos.

Mi padre nunca dijo nada en contra. Pero tampoco dijo que estuviera de acuerdo.

Capítulo 11

La vaca

Tres años después de que Fidel Castro llegara al poder, la escasez de alimentos en Cuba se agudizó. Algunos amigos de mis padres la atribuían al embargo de los Estados Unidos; otros culpaban a la mala administración interna. Había quienes aseguraban que era una combinación de factores: el éxodo masivo de profesionales, la ruptura con los mercados tradicionales, la improvisación... un país entero aprendiendo a sobrevivir a fuerza de carencias.

Aunque a mi padre no le gustaba la política, se mantenía informado. Nos explicó que el presidente John F. Kennedy había impuesto el embargo en febrero de 1962, después de que Castro se alineara con la Unión Soviética y China, y de que nacionalizara los activos de empresas estadounidenses que operaban en la isla.

A través de conversaciones con compañeros de trabajo que tenían familiares en Estados Unidos, mi padre se enteró de un detalle importante: bajo el embargo, las compañías estadounidenses aún podían exportar productos agrícolas a Cuba, siempre y cuando el gobierno cubano pagara en efectivo y por adelantado. No se permitían ventas a crédito. Algunos amigos de mi padre argumentaban que si los recursos del país se hubieran administrado con mayor inteligencia, Cuba habría podido comprar muchos de los bienes que necesitaba.

Yo era demasiado pequeña para comprender aquel debate. Lo único que entendía era que mis padres pensaban distinto y que cada vez con más frecuencia discutían sobre quién tenía la culpa.

En respuesta a la escasez, el 12 de marzo de 1962, cada hogar recibió la Tarjeta de Abastecimiento, una libreta que permitía comprar ciertos alimentos esenciales a precios subsidiados. La leche, por su parte, empezó a restringirse: solo se asignaba a niños y ancianos.

A los cubanos nos encanta una buena taza de café con leche por la mañana. ¿Puede imaginar el impacto de esa medida?

Para asegurarse de que en nuestra casa no faltara leche, mi padre decidió comprar una vaca. Se la compró a un anciano del que solía adquirir leche con regularidad. El hombre se retiraba y le aseguraba que podía venderle una vaca preñada a un precio excelente.

Mi padre llegó a casa orgulloso, casi triunfante, como si hubiera encontrado una solución doméstica para un problema nacional. Según él, la vaca empezaría a producir leche después de parir su primer ternero.

Yo estaba encantada.

Papá me enseñó a cepillarla para mantenerla limpia y yo, como si se tratara de una mascota de lujo, le puse nombre: Matilda.

Durante semanas la cuidé con devoción. La observaba comer, la miraba caminar, la acariciaba como si fuera parte de la familia. En mi imaginación, Matilda ya era nuestra salvación: la promesa de leche, de normalidad, de mañanas con café con leche como antes.

Pero pasaron los meses y la barriga de Matilda no crecía.

Fue entonces cuando mi padre comprendió la verdad: la vaca no estaba embarazada. El anciano le había mentido.

Papá decidió devolverla y recuperar el dinero. Yo ya me había encariñado con Matilda y no acepté la noticia con calma. Lloré. Le rogué que no la devolviera. Pero desistí cuando me explicó, con esa seriedad triste que solo tienen los adultos cuando se enfrentan a la realidad, que la familia necesitaba ese dinero.

Aquella tarde, papá llevó a Matilda de regreso a la granja del anciano. Yo lo vi salir con ella como quien despide a un miembro querido de la casa.

Y entonces ocurrió lo inesperado.

En el camino, un granjero pasó halando a un toro por una correa. De repente, el toro se detuvo, se giró y comenzó a correr detrás de Matilda.

Como si se sintiera atacada —o tal vez como si por fin hubiera recordado que era una vaca— Matilda también arrancó a correr.

En cuestión de segundos, mi padre, aún aferrado a la cuerda, fue arrastrado por el barro como un muñeco sin voluntad. Intentaba frenarla, pero Matilda tenía otros planes: la supervivencia, el instinto... y un toro furioso respirándole en la nuca.

Una hora después, papá regresó a casa con la ropa empapada y cubierta de fango de pies a cabeza.

—¿Qué te pasó? —preguntó mi madre, alarmada.

La vaca

Papá nos contó lo ocurrido. Mientras hablaba, mi madre y yo intentábamos mantener la compostura. Alfredo también, que ya estaba de vuelta en casa después de haber terminado su certificación. Pero no pudimos. Poco a poco, la seriedad se nos fue desmoronando... hasta que todos terminamos riéndonos a carcajadas.

—¿Te devolvió el dinero? —preguntó mamá cuando por fin logró respirar.

—¡Sí, me lo devolvió! —respondió papá, todavía indignado.

Esa fue la última vez que mi padre compró una vaca.

En 1963, después de que el huracán Flora provocara la pérdida de una quinta parte del ganado del país, las vacas se volvieron casi sagradas. Ya nadie podía matarlas sin permiso del gobierno.

Nuestra familia no tuvo más opción que adaptarse a las nuevas reglas y esperar que las cosas no empeoraran.

Matilda quedó atrás, convertida en historia familiar.

Y también el café con leche.

La vaca

Mamá -en el patio trasero de la casa de Mantilla

Capítulo 12

Convirtiéndome en pianista

Después de graduarse en 1962, Alfredo obtuvo un puesto como director de una cooperativa agrícola. Las cooperativas habían surgido tras las reformas agrarias implementadas por el gobierno de Fidel Castro después de 1959, reformas que transfirieron al Estado cerca del setenta por ciento de las tierras agrícolas privadas.

Ahora que tenía un buen empleo, Alfredo entraba oficialmente en la adultez.

En 1963 conoció a Anita.

Era menuda, de cabello rubio y ojos marrones brillantes. Alegre, vivaz, el alma de cualquier reunión. Era, en muchos sentidos, lo opuesto a mi hermano: donde él era reservado y serio, ella era luz y movimiento. En pocos meses se casaron.

No creo que a mi madre le cayera bien Anita, al menos al principio. Cuando Alfredo y ella se mudaron al segundo piso de nuestra casa, comenzaron las fricciones. Solo teníamos un refrigerador y mi madre no le permitía usarlo libremente. Era una batalla constante entre ella y Alfredo.

Tal vez uno pensaría que yo disfrutaba de ver a mi madre dirigir su furia hacia él, después de años de soportar que me llamara intrusa. Pero no fue así. Sentía compasión por mi hermano. Podía imaginar lo difícil que debía de ser estar atrapado entre las dos mujeres que más amaba.

En 1965 todo cambió. Alfredo y Anita tuvieron su primer hijo. Yo tenía catorce años cuando me convertí en tía. Fue asombroso ver la transformación de mi madre. La dureza habitual de su expresión se derretía cada vez que sostenía al bebé en brazos.

—¿Verdad que se parece a ti? —le preguntaba a menudo a Alfredo.

—Creo que se parece a los dos —respondía él.

Entonces mamá se inclinaba sobre el niño y, en tono infantil, murmuraba:

—Tu papá no sabe de lo que habla. Claro que te pareces a él. Igualito cuando tenía tu edad.

Después del nacimiento de mi sobrino, nuestra casa dejó de ser silenciosa. Era imposible encontrar paz entre el llanto del bebé y las órdenes constantes de mi madre:

—¿Le cambiaste los pañales?

—¿Ya lo bañaste?

—¡Angelito, baja la radio! ¡Vas a despertar al niño!

Ocho meses después, Alfredito —así lo llamábamos— descubrió mi música. Le encantaban las canciones infantiles y yo le enseñé a aplaudir al ritmo del piano. Ver crecer a mi pequeña audiencia doméstica me llenaba de orgullo. Incluso Anita se sentaba junto a su hijo para escucharme tocar.

Cuando se acercaba mi fiesta de quince años —el evento social más importante en la vida de una muchacha cubana— Anita tomó el control de la organización.

Pero primero tuvo que convencer a mi madre.

Convirtiéndome en pianista

—Usted está demasiado ocupada con sus compromisos revolucionarios y con ser la matriarca de esta casa —le decía con dulzura calculada. A mamá le encantaba escuchar eso.

—Así es —respondía con orgullo—. Soy la matriarca. Que nadie lo olvide.

Anita era mucho más astuta de lo que mi madre imaginaba. Sabía exactamente qué palabras usar.

Gracias a ella, mi fiesta fue un éxito. Mis padres apoyaron todo. Asistieron los pocos familiares que aún quedaban en Cuba, así como vecinos y amigos. Hubo música, un baile coreografiado, risas, un cake enorme y la infaltable ensalada de coditos. Bailamos hasta la medianoche.

Por una noche, la casa fue pura celebración.

En 1966, pocos meses después de cumplir quince años, me gradué como pianista profesional. Fue un momento trascendental para mi familia. Mis padres no habían estado tan orgullosos en años. Todos asistieron, incluidos Alfredito y otro bebé en camino.

Yo estaba llena de entusiasmo.

Poco después de la graduación, mis padres se sentaron frente a mí en la sala.

—¿Cuáles son tus planes ahora? —preguntaron.

Me sentí adulta por primera vez.

—Quiero formar parte de una banda musical —respondí sin titubear.

—¿Estás segura? —preguntó mi madre.

—Sí. Eso es lo que quiero.

Ella accedió a ayudarme a obtener las aprobaciones necesarias, incluida la tarjeta laboral que me permitiría trabajar oficialmente. No supe exactamente cómo lo logró. Tuvo que hablar con varias personas. Conociéndola, no me sorprendería que hubiera movido influencias... o incluso pagado favores.

Cuando me entregó mis papeles oficiales, sentí una euforia que me recorrió el cuerpo entero. Entre los contactos de mi padre en el Hotel Nacional y la salida de muchos artistas talentosos del país —como Celia Cruz— no fue difícil encontrar trabajo como pianista. Sin embargo, tenía un obstáculo más grande que cualquier trámite burocrático:

Mi timidez.

Además, mi madre insistía en acompañarme a todos los compromisos. No estaba dispuesta a permitir que su hija de quince años tocara sola en bares de madrugada, y menos aún cuando mi primera banda estaba compuesta únicamente por hombres.

La primera vez que me senté frente al piano y me giré hacia un auditorio lleno de personas, me paralicé. De pronto, años de entrenamiento desaparecieron. Miré las partituras y sentí como si nunca hubiera tomado una clase.

Busqué ayuda con la mirada.

José, el bongosero —un hombre negro, de ojos amables— notó el terror en mi rostro. Ese día se convirtió en mi protector silencioso.

Se acercó, apagó mi micrófono y me susurró:

—Todo va a estar bien. A todos nos pasa la primera vez. Se llama miedo escénico. Respira. Mira al público e imagina algo gracioso. Imagina que están desnudos.

Hice lo que me dijo.

Convirtiéndome en pianista

Cuando volvió a encender el micrófono y regresó a su puesto, tuve que cubrirme la boca para no reír. Visualizar al público sin ropa fue tan absurdo que rompió el hechizo del miedo. Y entonces recordé. Las notas volvieron y comencé a tocar. José me miró y asintió. Ese gesto fue suficiente.

Durante el resto de la noche evité mirar demasiado al público por miedo a volver a reír, pero ya no estaba paralizada.

Mi madre, sentada en primera fila, me dijo después que parecía una estrella con mi vestido azul. No era mío; la tía Angelita lo había confeccionado para Anita y me lo prestó. Mamá aseguraba que había escuchado a varios espectadores comentar que no entendían cómo alguien tan joven podía tocar así.

La misma mujer que una vez había resistido mi vocación ahora era mi mayor aliada.

Dejó la fábrica de zapatos y reorganizó su vida en torno a mis presentaciones y a la casa. Anita, por su parte, agradecía que mi trabajo mantuviera a mi madre ocupada algunas noches.

En cierto modo, todos ganamos.

Capítulo 13

Mi novio checo

Mamá me decía a menudo después de mi decimoséptimo cumpleaños:

—Milagros, deberías encontrar un buen joven y casarte ya de una vez.

Incluso organizó dos citas para mí. Una de ellas fue con un hombre muy alto. Me habría lastimado el cuello si hubiera tratado de besarlo. El otro era más bajito y diez años mayor que yo, un hombre al que le encantaba hablar de sí mismo constantemente. Después de sus intentos fallidos por encontrarme un novio, dejó de intentarlo.

A diferencia de otras muchachas de mi edad, yo no sabía cómo coquetear con gracia. Podía ver a las mujeres jóvenes de mi vecindario hacerlo con éxito, desde el movimiento seductor de la cabeza hasta las sonrisas tímidas. Cuando trataba de imitarlas frente al espejo, me veía rara y mis movimientos no eran naturales.

Tal vez era mi falta de autoestima. Pensé que me veía como un palitroque. Me enteré de que mi figura se considera atractiva en los Estados Unidos, pero aquí en Cuba los hombres prefieren a las mujeres con curvas. A pesar de mi falta de atractivo, de vez en cuando, después de terminar una actuación, algún joven que otro se me acercaba y me preguntaba si podía salir conmigo. Debo confesar algo. Hice

Mi novio checo

algunas cosas muy extrañas cuando intentaban salir conmigo.

—Tiene que preguntarles a mis padres—yo respondía. Me costaba decirles que no. Además, ¿quién, en su sano juicio, vendría a mi casa después de haberme visto una sola vez? Para asegurarme de que recibieran el mensaje alto y claro, yo agregaba:

—Mis padres son muy estrictos.

A menudo los muchachos se alejaban y nunca los volvía a ver, pero algunos me pidieron mi dirección y se presentaron en mi casa.

Las pocas veces que esto sucedió, yo corría hacia la parte trasera de la casa cuando los veía.

—Mamá, ¿puedes abrir la puerta? —Yo le gritaba desde el baño donde me escondía, sin saber por qué—. Aquí hay un muchacho que va a preguntar por mí. Por favor, dile que no puedo salir con nadie.

—¿Por qué le diste tu dirección si no tenías intención de salir con él?

—Pensé que no vendría.

—Es evidente que nunca te entenderé—respondía ella. Entonces yo escuchaba el sonido menguante de sus pasos mientras se dirigía hacia la puerta principal.

Al principio, mi madre me ayudaba con visitas inesperadas. Un día, me sorprendió cuando, en lugar de ayudarme, me gritó:

—Le pediste que viniera aquí. ¡Pues le dices que no quieres verlo! Yo no soy tu mensajera.

Pues me fastidié. Después de eso, cuando se me acercaba un pretendiente que no me parecía compatible, le daba una excusa.

Yo decía: —Lo siento. Tengo novio.

Pero yo era una mala mentirosa. Honestamente, yo no sabía lo que estaba buscando. Mi abuela Raimunda me dijo que yo sabría cuándo el hombre adecuado llegara a mi vida. Me dijo que entonces no necesitaría practicar ningún movimiento. Mi cuerpo haría todo lo correcto sin ningún problema. Temía que, si un día conociera a esa persona especial y la trajera a casa, ese sería el fin de la relación. Sabía que mi madre no nos dejaría solos ni un solo momento.

Así que tuve algunas citas secretas e hice lo que las adolescentes hacían en esos años: muchos besos, pero sin contacto con las partes sagradas. Después, siempre me sentía culpable, una culpa que mi abuela católica me había inculcado.

—Dios lo sabe todo—me decía.

Un día, después de llegar a la conclusión de que nunca encontraría a la persona adecuada, un joven se me acercó tímidamente al final de mi actuación en el bar del Hotel Sierra Maestra, cerca del río Almendares. Este hotel se encontraba en una zona conocida como La Puntilla. Incluía dos manzanas de edificios que albergaban a técnicos extranjeros que trabajaban en diversos proyectos de infraestructura. Algunos técnicos vivían solos y otros con sus familias. Pero luego me enteré de que no era uno de los técnicos que residían en el hotel.

El joven hablaba otro idioma. Yo tenía entonces veintitantos años y no era tan tímida como antes. Levanté las palmas de las manos hacia él y elevé las cejas, mientras respondía:

—No entiendo.

Mi novio checo

Entonces me fijé en sus ojos marrones, que complementaban su cabello oscuro. Tenía una expresión amable que no me intimidaba y era guapo, aunque no demasiado.

Se llevó el dedo índice a la barbilla, como si pensara. Luego dijo en mal español:

—Bonita—y nos señaló a mí y al piano.

O me consideraba bonita, o pensaba que el piano y yo éramos bonitos, o le gustaba cómo tocaba. No tenía idea de lo que intentaba transmitir, pero lo acepté.

—Gracias —le dije.

Sonrió genuinamente y continuó conversando conmigo, usando gestos y las pocas palabras que sabía. Primero, me preguntó si era cubana. Asentí con la cabeza.

—¿Nombre? —preguntó.

—Milagros.

—Mi-la-gros —repitió.

Sonreí con aprobación, —¡Así es! ¿Y tú?

—Adam—respondió con alegría.

Su sonrisa dejaba ver una dentadura estándar, no demasiado blanca, como la de los actores norteamericanos.

—Entonces, ¿de dónde eres, Adam?

—Checoslovaco—respondió en checo.

Lo entendí porque no era muy diferente del español.

—¿Estás de vacaciones?

—Va-ca-ción —repitió—. Prázdniny. Vacaciones. Prázdniny. No, no de vacaciones. Trabajo.

—¿Así que tienes un trabajo en Cuba? Muy interesante. Y ¿qué haces?

Mi novio checo

No parecía entenderlo. Me señalé a mí mismo y al piano. Luego lo señalé con una expresión inquisitiva. Su expresión finalmente se iluminó.

—Ingeniero... Empresa termoeléctrica cerca del puerto de Mariel—dijo en un español entrecortado.

Atractivo, con muy buen olor y tenía un trabajo que mi madre aprobaría. Pero pensé que era amable conmigo. Pronto, daría la vuelta y se iría. Eso fue lo que me dije a mí misma, aunque no sucedió de esa manera. Se quedó y siguió haciéndome preguntas.

Después de un rato, preguntó:

—¿Coppelia?

Nos señaló a él y a mí.

Respondí despacio, pronunciando cada palabra.

—¿Quieres que te acompañe a Coppelia? ¿La heladería?

—Helado, sí—dijo felizmente.

Bueno, me encantaba el helado. Era un lugar público cerca de donde yo actuaba. Entonces, ¿por qué no? Pero era de noche, así que acordamos encontrarnos en Coppelia al día siguiente a las 2 p.m.

Ese jueves, le dije a Mamá que mi actuación comenzaría antes de lo habitual debido a un evento especial. Fingí estar ocupada cuando le dije esto y evadí su mirada. De lo contrario, ella habría descubierto mi mentira. Así que salí de casa a la 1 p.m. y caminé hasta la estación de autobuses.

Llegué a la intersección de las calles L y 23 en El Vedado, casi a las dos de la tarde, y caminé hacia el parque *Coppelia*. La heladería del mismo nombre se encontraba en medio del parque. Construido en

Mi novio checo

1966, el pabellón abovedado se encontraba frente al Hotel Habana Libre. Adam agitó la mano desde la línea. Cuando al fin lo alcancé, lo saludé con un abrazo y un beso en la mejilla. Esto debe haberlo tomado por sorpresa, según la forma errática de sus movimientos.

Nos paramos detrás de una pareja con dos niños pequeños, quienes nos miraron con curiosidad cuando Adam y yo comenzamos a comunicarnos. Se habrían dado cuenta de que Adam no era de Cuba y se preguntarían por qué a veces le hablaba como si estuviera sordo.

Nunca olvidaré aquella primera cita, nuestra conversación placentera, a pesar de la barrera del idioma y el delicioso helado de fresa que supo mejor durante esa visita a Coppelia que en cualquier momento anterior. Aquella cita y las siguientes me demostraron que mi abuela Raimunda tenía razón.

—Una vez que encuentres al hombre adecuado, lo sabrás. No tendrás que practicar frente a un espejo. Sabrás exactamente qué decir y qué hacer.

Mi novio checo

Adam y yo - 1972

Capítulo 14

Polonia

Se preguntará por qué, cuando conocí a Adam, ya no trabajaba con una banda. No era mi objetivo convertirme en solista. De hecho, lo consideraba bastante aburrido, pero la situación me obligó a hacerlo. Necesitaba ayudar económicamente a mis padres. Después de graduarme, mi primer trabajo fue tocar el piano en una banda de jazz. Pero eso no era lo que yo quería. Lo hice durante unos años para obtener experiencia. Luego, encontré un trabajo con el combo Los Llamas, un grupo pequeño que actuaba en clubes nocturnos. Los grupos más pequeños eran más populares en aquellos tiempos porque podían participar en una mayor variedad de compromisos. El combo Los Llamas y yo actuábamos en un programa de televisión dos o tres veces por semana. También nos contrataron en lugares muy populares, como *El Cabaré Parisién*, donde Celeste Mendoza, mi ídolo, solía actuar. Por otra parte, actuamos en el *Copa Room* del Hotel Riviera y tuvimos varias apariciones en la radio.

Realicé mi primer viaje internacional como integrante del grupo *Los Llamas*. No elegí a dónde ir ni recibí una compensación adicional por viajar a este lugar tan lejano. El gobierno de Cuba nos envió

Polonia

allí durante un par de semanas como parte de su acuerdo con el gobierno polaco. Era la primera vez que volaba y Mamá temía que el avión cayera del cielo. A la vez, teníamos el problema del clima. Viajamos al comienzo de la primavera, cuando la temperatura aún estaba demasiado fría para personas como yo, nacidas en la isla. En marzo, las temperaturas en Varsovia oscilaban entre los cuarenta y los cincuenta grados Fahrenheit y yo no tenía ropa de invierno adecuada. Entonces, ¿qué se le ocurrió a mi mamá? Me hizo guantes con trapos de piso y los envolvió en plástico. También me dio dos suéteres que había comprado en la década de 1950 y me sugirió que usara varias blusas debajo de ellos.

Si antes de viajar a Varsovia no tenía una razón para sentirme atractiva, ahora me sentía como una payasa. Iba a caminar por la capital de Polonia con los viejos suéteres de mi madre, que me quedaban enormes, y con guantes feos y ridículos.

Mi padre me había contado la turbulenta historia de Varsovia. En 1944, las fuerzas alemanas habían destruido entre el 80% y el 90% de sus edificios. Se pensaba que ninguna otra ciudad del mundo había sufrido pérdidas más significativas. Después de la guerra, los esfuerzos de reconstrucción recuperaron a esta ciudad de las cenizas. Así que, en 1973, mientras caminaba por las calles de Varsovia, observando el excesivo tráfico, los niños volando sus papalotes en los parques de la ciudad y los altos edificios modernos enclavados entre los históricos, que de alguna manera habían resistido las duras pruebas de la guerra y el tiempo, no pude evitar sentir admiración por la resistencia del pueblo polaco.

Nos alojamos en un pequeño hotel y actuamos en un teatro durante las dos semanas que duró nuestro compromiso. Teníamos muy poco dinero para gastar, así que durante nuestras horas libres, nos quedábamos en el hotel o caminábamos por la ciudad, tratando de mantenernos a una distancia razonable y documentando cuidadosamente cómo regresar. Lo último que queríamos era perdernos en Varsovia sin hablar el idioma.

Aunque me habían enviado a Varsovia para entretener a dignatarios y funcionarios de alto rango, sentí que la capacidad de ver más allá de los límites de mi isla tropical había cambiado. El mundo era grandioso y complejo y yo estaba ansiosa por descubrirlo.

Apenas un año antes, Fidel Castro, vestido con su uniforme verde olivo, había viajado de Budapest a Varsovia para reunirse con el primer ministro polaco, Piotr Jaroszewicz, y con el jefe del Partido Comunista, Edward Gierek. Así que tal vez usted entienda cómo me sentí. La pequeña «yo» estaba visitando un lugar que el propio presidente de la isla había recorrido recientemente.

En la década de 1970, los gobernantes de Cuba solo les permitían a los artistas y funcionarios del gobierno viajar al extranjero. Aunque yo no era muy diferente de un poni enviado al circo para actuar, me alegré de haber vislumbrado un mundo que hasta entonces me habían negado.

Polonia

El guante que Mami me hizo con una frazada para limpiar el suelo, que luego forró con plástico.

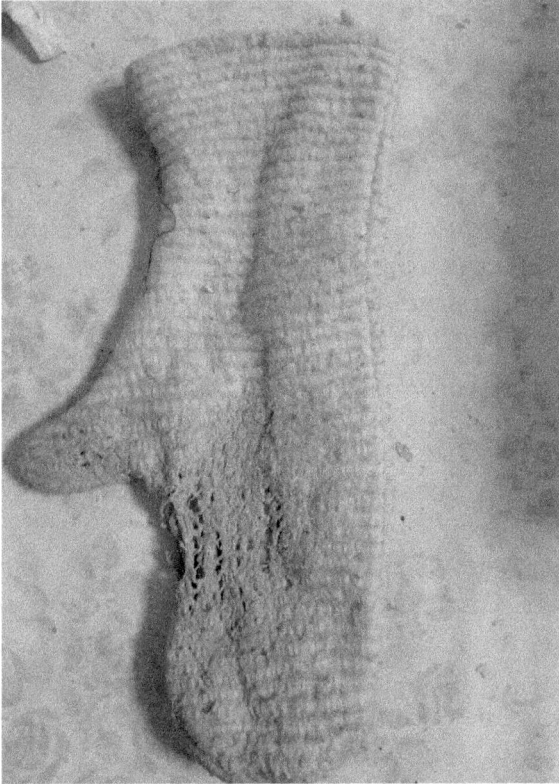

Capítulo 15

La propuesta

Después de terminar mi trabajo con *Los Llamas*, no tuve otra opción que convertirme en solista. Además, para complementar mis ingresos, acepté compromisos con grupos que necesitaban una pianista durante una o dos noches. Me gustaba convivir con otros músicos, escuchar sus historias, sentir esa camaradería de escenario. Pero en el fondo, estaba agradecida de que mi vida como solista hubiera traído a Adam.

Me sentía afortunada de estar con alguien como él.

A veces me llevaba flores que recogía en algún jardín. Otras veces me regalaba galleticas dulces o chocolates. Todavía me encantaban los chocolates.

Cuando estaba cerca de Adam, me sentía tranquila. Podía ser yo misma. Pero también experimentaba sensaciones nuevas, extrañas, como si mi cuerpo hubiera descubierto otra forma de existir. Respiraba mejor. Mis días parecían más luminosos. La vida, incluso en Cuba, incluso con tantas limitaciones, se veía distinta cuando él estaba a mi lado.

A diferencia de otros técnicos extranjeros, Adam no vivía en el Hotel Sierra Maestra. Vivía en El Reparto Flores, cerca del Reparto Náutico. Antes de 1959, solo los ricos habitaban esas zonas elegantes, donde se encontraban el Havana Yacht Club y el Biltmore. Después de la Revolución, esas áreas fueron destinadas a funcionarios de alto rango y visitantes extranjeros. Los clubes exclusivos fueron renombrados deliberadamente —La Concha, Siboney y otros— y convertidos en clubes sociales. Sin embargo, el acceso seguía limitado: solo podían entrar quienes trabajaban en sectores específicos de la economía. En otras palabras, seguían siendo exclusivos, solo que ahora estaban bajo el control del gobierno.

A veces me preguntaba por qué Adam vivía en la parte más acomodada de la ciudad y no en el hotel, como los demás técnicos. Pero comunicarnos ya era lo suficientemente difícil. No me atrevía a hacerle preguntas que pudieran sonar indiscretas. Me convencí de que debía ocupar una posición más alta.

Adam era caballeroso y sabía besar como nadie. Siempre se apresuraba a abrirme las puertas, a ofrecerme su brazo, a tratarme como si yo fuera la única mujer del mundo. De vez en cuando, mientras tocaba el piano, cruzábamos miradas y sonreíamos. Yo trataba de limitar esas señales por miedo a perder el trabajo, pero era inútil: cada vez que lo veía entrar, mi corazón reaccionaba antes que mi mente.

Cuando venía a verme, siempre le tocaba su canción favorita: *«Bésame mucho»*.

Los fines de semana íbamos al Coppelia o al cine Yara. Caminábamos por El Vedado tomados de la mano, como si el mundo no pudiera tocarnos. Como si no existieran fronteras, ni idiomas, ni gobiernos.

Un día, después de mi actuación en el bar del Hotel Sierra Maestra, nos tomamos una foto juntos.

La propuesta

Quería capturar aquel instante, congelar para siempre uno de los momentos más felices de mi vida.

A medida que nuestra relación avanzaba, lo invité a una función de trabajo a la que también asistirían mis padres, Alfredo y Anita. Era una de esas celebraciones con música en vivo y baile, parecida a la noche en que mi padre me presentó a Celeste Mendoza. Estaba emocionada... y nerviosa. Presentar a Adam era como presentar una parte secreta de mí.

Aquella noche, cuando mamá lo vio bajo el resplandor amarillo de una lámpara de jardín, reaccionó de forma inesperada. Sonrió nerviosamente y me pidió que tradujera, pero tuve que explicarle que todavía no hablaba su idioma. Frustrada, comenzó a gritarle, como si elevar la voz pudiera hacer que sus palabras fueran comprensibles.

A pesar de las barreras, mi padre y mi hermano le dirigieron miradas de aprobación. Incluso Anita parecía encantada.

Más tarde, mamá me confesó en voz baja:

—No me gustan esas patillas tan largas.

Yo no pude evitar sonreír. Ese era el modo de mi madre: siempre encontraba un defecto, aunque el hombre fuera perfecto.

Unos meses después, Adam me invitó a cenar en un restaurante cerca del Malecón. Desde que llegamos, noté que estaba inquieto, como si guardara algo importante. Durante toda la comida yo no dejaba de preguntarle con gestos:

—¿Qué pasa? ¿Qué quieres decirme?

Él levantaba las manos y las movía hacia mí, pidiéndome paciencia.

La propuesta

Cuando por fin llegó el postre —un flan delicioso—, Adam extendió los brazos por encima de la mesa y tomó mis manos. Las apretó con suavidad. Sonreía, pero en sus ojos había una seriedad nueva. Dios mío... qué guapo se veía aquella noche. Entonces sacó una cajita de su bolsillo y me la entregó.

Sus ojos brillaban cuando la tomé entre mis manos.

—¿Qué es? —pregunté.

—Abre —dijo.

Esa palabra sí debía haberla aprendido.

Abrí la cajita lentamente.

Y el corazón me dio un salto.

Era un anillo de plata.

—Ay, Dios mío... ¡Adam! —Susurré, llevándome la mano a la boca.

Él me miró con una mezcla de nervios y esperanza.

—¿Tú... yo... casarnos? —preguntó en un español torpe pero tierno.

Me quedé paralizada.

Con gestos le pregunté cómo podía ser posible. Yo vivía en Cuba. Él volvería a Checoslovaquia. Sabía que su contrato estaba por terminar, aunque yo había intentado no pensar en ello. Quería exprimir cada minuto que me quedaba con él como si fuera oro.

—Ven conmigo —dijo.

Quería que me casara con él y me mudara a Checoslovaquia.

Nunca se me había ocurrido que él pudiera quererme así, con esa seriedad, con esa certeza.

—¿Y mi familia? —pregunté.

La propuesta

Me entendió.

—Visitamos —respondió.

—No puedo dejar a mis padres —dije—. Están envejeciendo. Me necesitan.

Adam apretó mis manos.

—Hablé con ellos —dijo lentamente—. Dijeron... que te mudes. Todo bien.

Sentí un escalofrío.

—¿Fuiste a hablar con mis padres?

Él asintió.

Yo no sabía qué decir. Mi garganta se cerró.

—Adam... te amo —le dije al fin—. Sí. No sé qué estaba pensando. Quería creer que renovarían tu contrato y que, de alguna manera, podrías quedarte en Cuba. Nunca acepté que un día tendrías que irte.

Él frunció el ceño, confundido por mi torrente de palabras.

—Nada me gustaría más que casarme contigo —dije, tratando de que me entendiera—. Pero déjame hablar con mis padres.

Se lo dije con las manos, con los ojos, con el cuerpo entero.

Hay momentos en la vida en que una puerta se abre y uno sabe, sin necesidad de que nadie lo diga, que si no la cruza en ese instante, quizá nunca vuelva a verla.

Yo estaba frente a una de esas puertas.

Le devolví el anillo y le prometí hablar con mis padres. Adam no quería aceptarlo, pero insistí. Le dije que lo tomaría después.

Esa misma noche hablé con ellos.

—Deberías casarte con él e irte —dijo mamá, sin vacilar.

La propuesta

Pero en los ojos de mi padre vi otra cosa: una tristeza profunda, una resignación silenciosa.

—Tu madre tiene razón —dijo él.

Imaginé lo difícil que debía de ser para él decir esas palabras.

—No puedo dejarlos —respondí—. Los amo. No podría vivir lejos de ustedes.

—Algún día nos vamos a morir —dijo mamá, con brutal sinceridad—. Necesitas tener tu propia vida.

—Pero no lejos de aquí —repliqué—. No lejos de ustedes, de mi hermano, de mis sobrinos.

Mamá me miró fijo.

—Milagros... puede llegar el día en que te arrepientas. ¿No amas a ese hombre?

—¡Sí! —respondí con la voz quebrada—. Tú sabes que sí. Pero no puedo pagar un precio tan alto.

Hablé con Adam al día siguiente. En menos de una semana se iría de Cuba.

Todavía hoy me pregunto qué habría pasado si hubiera elegido distinto. Pero tal vez Adam estaba destinado a entrar en mi vida solo para enseñarme lo hermoso que podía ser el amor... y lo doloroso que podía ser renunciar a él.

Conservé la foto que nos tomamos aquella noche en el hotel.

Durante meses, durante años, me pregunté qué habría sido de Adam. Me lo imaginaba casado, con hijos y una buena esposa. Me lo imaginaba viviendo una vida feliz, lejos de mí, como si mi recuerdo fuera solo un capítulo cerrado en su historia.

También me pregunté si alguna vez volvería a amar.

La propuesta

Pero como dice el poema *In Memoriam A.H.H.* de Alfred Lord Tennyson:

—Es mejor haber amado y perdido que no haber amado nunca.

Capítulo 16

Carnaval

Después de que Adam se fue de Cuba, sentí que mi vida necesitaba una nueva dirección. Para entonces, mi abuela Raimunda ya había muerto. Mamá decía que había sido la vejez. Papá, en cambio, creía que había sido la tristeza. En sus últimos días, cuando fui a visitarla a la casa de la tía Angelita y la encontré sentada en una silla de ruedas, vi el dolor reflejado en sus ojos. En sus mejores momentos, cuando la demencia no la arrancaba del presente, me reconocía. Otras veces me llamaba por el nombre de alguna de sus hijas que vivía en Estados Unidos.

Mi padre decía que si algún día la demencia se apoderaba de él, prefería estar muerto.

A mí no me gustaba escucharlo hablar así. Yo quería creer que él y mamá vivirían para siempre.

Para mantenerme positiva, me aferré a mis sobrinos: Alfredito y William. Eran dos niños preciosos, de cabello rubio y ojos marrones, a quienes quería como si fueran míos. Cuando jugaba con ellos, me convertía en una niña. Les encantaba jugar a las escondidas y reían como si alguien les hiciera cosquillas sin parar.

Estaba tan orgullosa de ellos que les enseñaba sus fotos a algunos de mis clientes. Muchos sabían que la vida en Cuba se volvía cada vez más difícil, así que a veces les traían juguetes o galletas. En 1974, la mayoría de las muchachas de mi edad ya estaban casadas y tenían hijos. Mi prima Laura, la hija de Angelita, tenía tres. Pero su esposo se había ido de Cuba en 1968. Su plan era ahorrar dinero y sacar a la familia del país cuando pudiera conseguir visas. Sin embargo, justo cuando logró obtenerlas, Fidel Castro cerró la salida de Cuba. Mi prima y su esposo quedaron atrapados en una separación indefinida, sin saber si algún día volverían a reunirse.

Poco después de la muerte prematura de Angelita, su hija menor, Berta, se casó con un ingeniero. La pareja quería tener hijos, pero postergaron sus planes hasta que finalmente comprendieron una verdad amarga: el gobierno no iba a cambiar. Estaban atrapados, al menos por el momento.

Yo también deseaba casarme.

Salí con algunos hombres, pero seguía comparándolos con Adam. La magia que habíamos tenido juntos no se repetía. Era como si él hubiera dejado una marca en mí, un molde imposible de llenar.

Cansada de sentirme estancada, decidí hacer algo drástico. Algo que me obligara a salir de mi zona de confort. Fue entonces cuando se me ocurrió participar en el carnaval anual de La Habana.

Quería bailar en una carroza.

Años atrás, mi madre jamás habría permitido una idea así. Pero esta vez no se opuso. Tal vez se dio cuenta de que yo necesitaba moverme, sacudirme el dolor, buscar un rumbo. Incluso me ayudó a conseguir los formularios necesarios.

Carnaval

Mi padre, siempre comprensivo, creyó que era una buena oportunidad para contarme la historia del carnaval. Yo disfrutaba escucharlo. Me encantaba verlo hablar con entusiasmo: cómo se le achicaban los ojos y se le marcaban los hoyuelos cuando sonreía. Sentado en su sillón favorito de la sala, me habló de los orígenes de aquellas celebraciones.

Según él, el carnaval de La Habana se convirtió en una estampa esencial de la vida y la cultura de la ciudad a partir de 1937. Los desfiles recorrían el Paseo del Prado con bailes contagiosos y coreografías que obligaban a los espectadores a moverse, aunque fuera solo con los pies. La música de grupos populares como Los Guaracheros de Regla y El Alacrán —dos de los más notorios— parecía atraer a la gente como un imán.

Las carrozas, coloridas y detalladas, iluminaban la noche mientras la multitud bebía y bailaba a su alrededor. Los bailarines, hombres y mujeres, vestían atuendos exóticos. Las mujeres llevaban adornos altos en la cabeza que las hacían parecer diosas.

Así las describía mi padre, mientras mi madre rodaba los ojos como si dijera: *otra vez con sus historias.*

En 1959, tras la llegada de Fidel Castro al poder, el calendario del carnaval cambió. Dejó de celebrarse en febrero o en marzo y se trasladó a julio. Papá creía que el cambio se debía a una fecha simbólica de la Revolución: el asalto al Cuartel Moncada, ocurrido el 26 de julio de 1953.

A mí no me importaban esas explicaciones políticas. Después de todo, la Revolución había

Carnaval

dividido a mi familia. Lo único que me importaba era lo que el carnaval significaba para mí: una oportunidad de alegrar a la gente, de hacerla sonreír, aunque fuera por unas horas.

Me emocioné cuando me eligieron para bailar en la carroza del Departamento de Turismo (Intur). Aunque de adolescente había sido tímida, lo cierto es que al principio me sentí incómoda: de pie sobre una carroza bien iluminada y colorida, bailando y saludando a una multitud que me miraba como si fuera parte de un sueño.

Ensayábamos en el club social José Antonio Echevarría.

Un día, mientras practicaba, Manolito —hijo de un cocinero del Hotel Nacional, como mi padre— me vio y corrió hacia mí.

—Milagros, ¿qué haces aquí? —preguntó, como si estuviera viendo un fantasma.

—Practicando para bailar en el carnaval.

—¿Y tu mamá lo sabe? Si se entera, se va a poner furiosa.

—Sí, relájate. Ella lo sabe —respondí sin dejar de ensayar.

Manolito abrió los ojos.

—No puedes estar hablando en serio. Este no es el lugar para ti. Tú eres una buena muchacha. Cuando mis padres se enteren, no lo van a creer.

Una bailarina que ensayaba a mi lado se detuvo de golpe y se puso las manos en las caderas.

—¿Qué dices? ¿Que soy puta por bailar en el carnaval? —Le gritó.

Manolito levantó las manos, nervioso.

Carnaval

—¡No! No es eso. Solo me sorprende ver a mi amiga Milagros aquí. No hay necesidad de molestarse.

—Créeme, Manolito —dije—. Mis padres lo saben. Y no hay nada malo en esto. Sigo siendo la misma persona.

Y lo decía en serio.

Cuando bailaba en la carroza, ni siquiera bajaba para descansar. Prefería quedarme arriba, lejos de los hombres borrachos que podían meterse conmigo. En la carroza yo era intocable, protegida por los bailarines a mi alrededor, como si estuviéramos dentro de una burbuja brillante.

Cuando me uní al carnaval, la tía Angelita ya había muerto. Así que mamá tuvo que hacer mi traje ella misma, con cualquier tela que pudo conseguir. Mi top parecía casi parte de un bikini, aunque mucho más conservador: fondo negro con óvalos blancos. También llevaba una falda larga blanca atada en el frente.

Para el tocado pedí ayuda a los otros bailarines. El resultado parecía haber salido de otra dimensión. Cuando mamá me tomó una foto, me reí. Sonreía no con la sonrisa de *mira qué bonita soy*, sino con la de *no puedo creer que esté haciendo esto... y luciendo tan ridícula.*

Aun así, me sentía viva.

Y en lo más profundo de mí guardaba un pensamiento secreto: imaginaba que un día, entre la multitud, volvería a ver a Adam. Imaginaba que regresaría, que esta vez sería para quedarse, que reiniciaríamos nuestra historia como si nada hubiera pasado.

Sé que suena ingenuo.

Carnaval

Pero soñar tiene una manera extraña de mantenernos en pie. Y la esperanza... la esperanza es lo último que uno debería perder.

Bailé en el carnaval durante seis o siete años. Hasta que, poco a poco, las carrozas comenzaron a deteriorarse. La falta de materiales —la misma escasez que ya se había apoderado de tantas otras cosas— terminó alcanzando también a la fiesta.

Y así, incluso el carnaval empezó a apagarse.

Bailando en una carroza en el carnaval – La Habana 1972

Capítulo 17

1979

A principios de 1979, mi padre se jubiló y decidió cambiar nuestra casa en Mantilla por otra cerca del Estadio Latinoamericano de béisbol, en el barrio de El Cerro, en La Habana. El estadio estaba tan cerca de nuestra casa que a veces, cuando un jugador conectaba un jonrón, la pelota caía en el patio trasero.

La razón de mi padre para mudarse era doble: tendría fácil acceso a los juegos de béisbol y a la comida. Puede que no sea fácil entender esto si no vivía en Cuba en 1979, así que trataré de explicarlo. Los alimentos que podíamos comprar con *la Tarjeta de Abastecimiento* seguían disminuyendo. Cuando llegaba el momento de pagar nuestra cuota mensual, a veces ni el pollo ni la carne de res llegaban a la bodega asignada. Por otro lado, los chícharos abundaban, pero cuando se come tanto chícharo, no transcurre mucho tiempo antes de que comiences a verlos incluso en tus sueños.

En Cuba, a diferencia de otras partes del mundo, la gente no podía ir a un supermercado y comprar lo que quería. Al menos no en 1979. El estadio, sin embargo, nos brindaba un festín gastronómico. Un pequeño restaurante vendía pan con croquetas, pizza y refrescos. Y a todos en nuestra casa les encantaba el béisbol. Siempre estábamos

87

de parte del equipo de los *Industriales*. Así que cuando nos aburríamos o hacía demasiado calor para estar en casa, todos íbamos al estadio, comprábamos una refrescante malta y una pizza y disfrutábamos de un partido. Afortunadamente, contábamos con algunos ingresos provenientes de la pensión de mi padre y de los salarios de todos los adultos en edad de trabajar que vivían en nuestra casa.

En 1979, los *Industriales* tenían excelentes jugadores, como Lázaro Valles, un lanzador fantástico, y Lázaro de la Torre, a quien todos llamaban *el látigo negro* por la negrura de su piel y su talento como bateador. También estaba Lázaro Vargas. Por extraño que parezca, había muchos Lázaros en ese equipo.

Cuando nos mudamos, teníamos un perro llamado Bobby, así que nos turnábamos para pasearlo alrededor del estadio. Nos parecía que estaba loco, dadas las ocho veces que me mordió. Cuando tenía ataques epilépticos, me miraba con tanta tristeza que lo perdonaba por los ataques no provocados. No me gustaba ver sufrir a los animales y el pobre Bobby no podía controlar sus reacciones violentas.

Un día, cuando mi padre paseaba a Bobby por el estadio, dos pastores alemanes llamaron la atención de Bobby, por lo que corrió hacia ellos mientras los otros perros le ladraban amenazadoramente. Mi padre trató de sujetar a Bobby, pero el tirón en direcciones opuestas entre mi padre y Bobby hizo que la correa se rompiera. Lo que sucedió después fue difícil de presenciar. Bobby y los pastores alemanes comenzaron a pelear y a destrozarse mutuamente. Mi padre no dejaba de gritar su nombre y trataba de acercarse, pero sabía que no era rival para tres perros decididos. Al final, Bobby ganó la pelea y regresó a casa con mi padre, victorioso. Después de eso, la gente del vecindario comenzó a llamarlo «Bobby, el campeón».

Con Bobby a nuestro lado, podíamos dejar nuestra casa abierta todo el día porque estábamos seguros de que nadie se atrevería a entrar.

Hubo mucho más que sucedió en 1979. En Cuba, los jóvenes bailaban a la música disco en las fiestas clandestinas. Sin embargo, la noticia más destacada de ese año fue la apertura de la isla a los expatriados. Tal vez recuerden que Laura, la hija de Angelita, tuvo tres hijos. Su esposo, Rio, se fue de Cuba en 1968 y, después de que Fidel Castro dejara de permitir que la gente saliera de la isla, Laura y sus hijos permanecieron separados de Rio. Ahora podía regresar mediante los llamados *Viajes de la Comunidad.*

Río, en su afán por sorprender a Laura y a los niños, ¡casi la mata! Cuando su hija mayor, Tania, de catorce años, abrió la puerta y se dio cuenta de quién era el extraño, alertó a su madre de que alguien estaba allí para verla. Laura estaba viendo la televisión y no quería que la molestaran al principio. Ante la insistencia de Tania, miró hacia la puerta, gritó el nombre de Rio y se desmayó. Imagínese lo que pasó después. La casa se llenó de vecinos curiosos que querían saber todo sobre la vida de Rio en los Estados Unidos.

A partir de entonces, miles de personas que vivían cómodamente en Miami y otras ciudades de los Estados Unidos vinieron a Cuba a ver a sus familiares, lo que significó más trabajo para mí.

Le pregunté a mi padre: —Papi, ¿crees que esta apertura ayudará a Fidel Castro?

Él respondió: —Me alegra que las familias ahora puedan reencontrarse, pero esto también levantará el velo de los ojos de la gente cuando vea que las personas que se fueron como gusanos regresan como mariposas.

Gusano es el término despectivo que Castro usó para referirse a quienes se habían ido de Cuba. Cada vez que alguien del extranjero visitaba a un miembro de la familia, era como si hubiera llegado un ser de otro planeta. Se vestían mejor que los cubanos de la isla y olían a colonias caras. Se veían más felices que la mayoría de la gente en Cuba y comían mejor.

Este evento desencadenaría una serie de acontecimientos que impactarían mi vida de maneras que nunca imaginé.

Capítulo 18

Palabras de la madre a Lenin

A finales de la década de 1970, Habana Tours comenzó a otorgar solicitudes especiales de viaje a un grupo selecto de ciudadanos. No cualquiera podía acceder a esas planillas. Solo quienes estaban bien conectados con el Partido Comunista tenían posibilidades reales de obtenerlas.

Al igual que mi padre, nunca me interesé por la política. Lo único que deseaba era hacer música. Pero la música, sin que yo lo buscara, me dio acceso a un mundo al que otros no podían entrar. Durante años de actuaciones había cultivado amistades, algunas de ellas estratégicas.

En Cuba existe un refrán:

«Quien tiene amigos tiene un central.»

Y gracias a una mujer vinculada al gobierno que simpatizaba conmigo, logré obtener dos solicitudes de viaje: una para mamá y otra para mí.

Cuando tuve aquellas planillas en mis manos, comprendí el privilegio que representaban. No eran simples documentos. Eran puertas.

Yo ya había viajado como parte de una banda —primero a Varsovia y luego a la Unión Soviética—, pero esta vez quería hacerlo como turista. Quería mirar sin prisas, sin compromisos, sin horarios impuestos por un escenario.

Palabras de la madre a Lenin

También quería que mamá conociera ese mundo.

Me dolió no haber conseguido una solicitud para papá, pero él fue el primero en tranquilizarme.

—Ya viajé bastante cuando vivía en España —me dijo—. Además, ustedes dos se lo merecen.

Luego añadió algo que nunca olvidé:

—Viajar es la mejor educación.

Tenía razón.

Mi carrera como pianista me había abierto caminos que de otro modo jamás habrían existido.

Además, esos viajes venían acompañados de descuentos significativos y de acceso a bienes que en Cuba resultaban imposibles de conseguir.

Nunca olvidaré el momento en que mamá y yo nos sentamos juntas en un avión por primera vez. La miré acomodarse en el asiento, con esa mezcla de orgullo y nerviosismo que siempre la acompañaba en situaciones nuevas.

Yo quería mostrarle el mundo.

Pero también era consciente de algo incómodo: éramos parte de un grupo privilegiado. Muy pocos cubanos podían hacer lo que nosotras estábamos haciendo.

Durante el vuelo me repetí en silencio que nada de eso habría sido posible sin el piano que mis padres me compraron cuando era niña. Sin ese piano, yo habría sido una más entre millones: atrapada en la isla, contando raciones, acostándome con hambre algunos días.

Nuestro itinerario incluía la Unión Soviética, la República Democrática Alemana, Polonia, Hungría, Rumanía, Bulgaria y Checoslovaquia.

Palabras de la madre a Lenin

Y sí, lo admito: al leer el nombre de Checoslovaquia en la lista, pensé en Adam.

La idea de verlo otra vez —aunque fuera por casualidad, aunque fuera imposible— me llenó de una esperanza infantil. Me dije que tal vez aquellas puertas se abrían porque estábamos destinados a reencontrarnos.

Era la segunda quincena de mayo, el momento perfecto para visitar esos países que en invierno resultaban implacables.

Como parte de la delegación cubana, todo estaba cuidadosamente planificado. Recibíamos el equivalente a cinco dólares diarios, que en aquella época representaba una pequeña fortuna para nosotras. Podíamos comprar zapatos, ropa y pequeños regalos para papá, Alfredo y los niños.

Nunca olvidaré ver a mi madre caminando por el Parque Gorki, a orillas del río Moscova. Jamás habíamos visto un parque tan vasto, tan cuidado, tan lleno de árboles en flor. Nos detuvimos a observar a la gente sentada en cafés al aire libre, disfrutando de los colores del Jardín Golitsynsky, paseando con calma por senderos amplios y limpios.

También admiramos antiguas mansiones de inspiración italiana donde alguna vez vivieron familias nobles.

Al día siguiente visitamos el Kremlin, el complejo del siglo XV que había sido residencia de los zares y ahora era el corazón del poder soviético. Luego cruzamos la Plaza Roja para entrar al mausoleo de Vladimir Lenin.

El edificio era imponente. La música en su interior era solemne, casi inquietante. Pero lo que más me impresionó no fue el mausoleo, sino mi madre.

Palabras de la madre a Lenin

Se quedó allí de pie, frente al cuerpo embalsamado de Lenin, más tiempo que todos los demás. Aquella noche, ya en el hotel y lejos del grupo, le pregunté:

—¿Por qué te quedaste tanto rato?

Me miró con serenidad.

—Estaba hablando con él.

—¿Sobre qué?

—¿De verdad quieres saber?

—Sí. ¿Qué podrías decirle tú?

Su respuesta me dejó sin aliento.

—Le dije: "Todo esto es culpa tuya, hijo de puta. Por tus ideales, las familias en Cuba están separadas. Por tu culpa, mi pueblo pasa hambre. Tú y los tuyos trajeron una plaga al mundo. Espero que te pudras en el infierno." Eso le dije.

Me quedé en silencio.

Yo nunca había establecido una conexión directa entre Lenin y lo que vivíamos en Cuba. Era demasiado joven cuando Castro llegó al poder. Me hice adolescente bajo ese sistema; para mí era el único mundo conocido.

—¿Por qué nunca me lo dijiste? —pregunté al fin.

—¿Decirte qué?

—Cómo te sentías.

Me miró fijamente, pero respondió.

Yo agregué:

—Si lo hubiera sabido... le habría dicho lo mismo.

Durante años, mi madre nunca había expresado abiertamente sus verdaderos sentimientos sobre la Revolución o el comunismo. Jamás imaginé

Palabras de la madre a Lenin

que un viaje a la Unión Soviética desenterraría algo tan profundo. Después de aquella conversación, comencé a entender mejor sus arrebatos, su dureza, su ansiedad constante. Y también comprendí que era mucho más sabia —y más compleja— de lo que yo había creído.

Al día siguiente, mientras admirábamos el Teatro Bolshói y sus fuentes neoclásicas, observé a la gente con otros ojos. Me pregunté si ellos también se irían a la cama con hambre, como muchos cubanos. Me pregunté si eran felices o si simplemente habían aprendido a sobrevivir.

La respuesta a esa pregunta llegaría años después.

Capítulo 19

Buscando a Adam

Después de unos días en Moscú, algunos integrantes de mi grupo comenzaron a quejarse de la comida. Extrañaban los frijoles, de cualquier tipo: negros, blancos, rojos o garbanzos. Para entonces yo ya había aprendido algunas palabras en ruso, así que decidieron convertirme en la traductora oficial. Supongo que no hice un buen trabajo, porque al día siguiente, durante el desayuno, los camareros aparecieron con tazas llenas de un líquido pálido... con frijoles blancos flotando en él. También nos sirvieron huevos revueltos con papas.

Se me heló el alma.

—¿Qué es eso? —Pregunté, señalando las tazas.

—Sopa de frijoles blancos, como pediste —respondió una de las trabajadoras.

—¿Para desayunar? —preguntó uno de los hombres del grupo, horrorizado.

La mujer, regordeta y de rostro rosado, se encogió de hombros como si dijera: *¿Y cuál es el problema?*

—Gracias —dije yo, sonriendo, esperando que se marchara.

Cuando por fin se alejó, uno de los hombres murmuró:

—¿A quién se le ocurre tomarse un potaje de frijoles para el desayuno?

Probó una cucharada y casi escupió.

—¿Y quién les enseñó a hacer esto? ¡Esto sabe a rayo!

Yo había fracasado oficialmente como traductora.

No nos quedaba más remedio que comer lo mismo que comían los soviéticos. Y pronto nos cansamos de los platos típicos que nos servían una y otra vez: *rassolnik* (sopa con pepinos en escabeche), *shchi* (sopa de repollo) y *borscht*, esa sopa roja que parecía más apropiada para una herida que para un estómago.

La segunda ciudad que visitamos en la Unión Soviética fue Leningrado —que años después pasaría a llamarse San Petersburgo—, y allí todo se sintió distinto. La ciudad era menos intimidante, más accesible. Sentí que podía respirar mejor. Incluso la gente me pareció más amable.

Leningrado albergaba el impresionante Museo del Hermitage, uno de los más grandes del mundo. La ciudad entera tenía un aire majestuoso. Caminamos entre iglesias opulentas y palacios que se reflejaban en los canales como si la historia estuviera viva, flotando sobre el agua.

La avenida Nevsky era perfecta para observar a la gente pasar... y también era un lugar ideal para buscar a Adam.

Pero una vez más, no tuve suerte.

En Budapest, la capital de Hungría, nos maravillamos con el Puente de las Cadenas Széchenyi, que se extiende sobre el Danubio con una elegancia imponente. También admiramos el enorme edificio del Parlamento, con sus detalles góticos y barrocos elevándose desde la orilla como una promesa de grandeza.

Yo no sabía nada de los estilos arquitectónicos hasta que el guía turístico comenzó a explicarlos. Entonces recordé las palabras de mi padre: *Viajar es la mejor educación.* Y tuve que admitir que tenía razón.

Aun así, mi mente no dejaba de buscar a Adam. Lo busqué en cada ciudad. En cada calle. En cada rostro desconocido que se parecía, aunque fuera mínimamente, al suyo.

Y cada vez que no lo encontraba, sentía una decepción silenciosa, como un golpe pequeño pero constante.

Pensé que quizá lo encontraría en nuestra última parada: Praga, la capital de Checoslovaquia. Adam me había dicho que vivía allí, aunque nunca supe exactamente dónde.

Mientras caminábamos por la ciudad antigua, yo admiraba los edificios históricos... pero al mismo tiempo escaneaba la multitud. Buscaba su cara como si fuera una necesidad física.

No lo vi.

La decepción me cayó encima con una tristeza fría.

Tal vez, si hubiéramos tenido más tiempo...

Pero el guía nos explicó que Praga tenía más de novecientos mil habitantes. Entonces entendí, por primera vez con claridad, lo absurdo de mi esperanza.

La ciudad era demasiado grande. El mundo era demasiado grande.

Buscando a Adam

Y Adam... estaba demasiado lejos.
Comprendí, por fin, que algunas personas no se pierden en las ciudades... se pierden en el tiempo.

Capítulo 20

1980

La Habana parecía contener la respiración en los días previos a un evento que cambiaría la vida de miles de personas. Había una tensión en el aire, como si la ciudad entera supiera que algo estaba a punto de estallar. Cuando la noticia finalmente se extendió por todas partes, mi padre sintió que sus sospechas se confirmaban.

—¿Qué te dije, Juana? —Dijo con una mezcla de gravedad y satisfacción—. Sabía que esto iba a estallar.

—Sí, lo dijiste mil veces —respondió mamá, poniendo los ojos en blanco—. Siempre lo sabes todo.

Hablaban del ómnibus que había atravesado las puertas de la Embajada del Perú en La Habana, cargado de personas desesperadas que pedían asilo político.

Era difícil obtener detalles. El gobierno controlaba los medios de comunicación y las versiones oficiales llegaban filtradas, incompletas, deformadas. Solo supimos lo esencial: que Castro había retirado los guardias de la entrada de la embajada y que, en cuestión de horas, más de cinco mil personas habían invadido el terreno, apiñándose como si aquel pedazo de tierra fuera la última salida del infierno.

—La gente está cansada de esperar a que las cosas cambien —dijo mi padre.

—Y con razón —respondió mamá—. Las raciones son cada vez más pequeñas y los apagones son interminables. Y encima abrieron esas diplotiendas repletas de comida, cosas que no se veían desde principios de los sesenta... pero solo para turistas. ¿Qué pensaban que iba a pasar? No hace falta ser un genio para entenderlo.

Me sorprendió escucharla hablar así.

Desde nuestro viaje, mamá expresaba su resentimiento hacia la Revolución con mayor libertad. Nunca lo había hecho delante de mí. Pero ya yo tenía veintinueve años; ya no era la niña a la que intentaba proteger del mundo.

Pocos días después del incidente en la embajada, Castro anunció que quienes tuvieran familiares en Estados Unidos podrían venir a buscarlos en el puerto de Mariel.

En ese momento mi madre no comprendió que aquella medida terminaría alcanzándonos.

No fue hasta el 2 de mayo de 1980 cuando Berta —la hija menor de la tía Angelita— llegó a nuestra casa con la noticia.

Nos dijo que Río, el esposo de Laura, había regresado por fin. Había venido a buscarla a ella y a sus tres hijos. Salieron de Cuba por Mariel.

Habían pasado doce años desde que Río se había marchado. Los niños, que eran pequeños cuando él se fue, ahora tenían quince, trece y once años. Las dos mayores tenían edades similares a las de mis sobrinos, Alfredito y William.

1980

En apenas un mes, después del incidente en la embajada, nuestra familia había perdido cuatro miembros más al exilio. Laura era la sobrina favorita de mamá. No es que no quisiera a Berta, pero nunca fueron particularmente cercanas. La noticia también golpeó a mi hermano Alfredo, quien quería a Laura como a una hermana. Estaba más unido a ella de lo que jamás había estado conmigo.

—Yo también estoy tratando de salir de Cuba con mi familia —dijo Berta.

Mamá se sentó frente a ella y empezó a abanicarse con un pedazo de cartón, como si el aire estuviera demasiado pesado para respirar.

—Pronto no va a quedar nadie —murmuró, pensativa—. Me alegro de que tu abuela Raimunda haya muerto. Si hubiera vivido para ver esto... la habría matado el dolor.

—Sabes que no tenemos otra opción —dijo Berta—. Ustedes saben el riesgo que corre mi familia si se queda aquí. Mucha gente que ha presentado solicitudes para irse está siendo sacada de sus casas y golpeada por matones del gobierno.

—Lo sé —respondió mamá con amargura—. Y tienes dos hijas pequeñas de las que preocuparte. ¿Tú crees que a mí no me duele escuchar que hay adolescentes vendiendo sus cuerpos por un par de pitusas? Tenemos suerte de que Milagros se hiciera pianista cuando lo hizo. No es ningún secreto que ella ha tenido más oportunidades que la mayoría de los jóvenes de esta isla.

Berta bajó el tono, como si de pronto recordara que las ventanas estaban abiertas.

—¿Y por qué ustedes no se van? —preguntó—
. Tenemos familia establecida en Miami. Puede que estén dispuestos a venir por ti.

Mamá respiró hondo. Luego levantó la mirada hacia la pared, donde colgaba una foto de la abuela Raimunda.

—Mi madre nunca quiso que sus hijos terminaran como inmigrantes —dijo—. Su vida fue muy dura cuando emigró de España a Cuba.

—Pero Estados Unidos es diferente.

—El tiempo de irnos ya pasó —respondió mamá—. Somos demasiado viejos para empezar de nuevo.

Guardó silencio unos segundos y luego, como si aquella confesión le saliera desde un lugar profundo, añadió:

—Además... merezco vivir las consecuencias de mis decisiones. Como una tonta, al principio creí en la Revolución. Creí que podía ayudar a la gente.

Berta negó con la cabeza.

—No seas tan dura contigo misma. Mucha gente creyó lo mismo. ¿Y Milagros? ¿Por qué ella no puede irse?

Volteó hacia mí.

—No voy a dejar a mis padres —respondí con firmeza—. Están envejeciendo y me necesitan.

Mamá hizo un gesto de resignación.

—Traté de convencerla cuando conoció a ese ingeniero checoslovaco —dijo—. Pero se negó. Es tan cabezona como yo.

Luego añadió, con un cansancio que no le conocía:

—Y además... yo tengo a mis nietos. Tengo a Alfredo. Nuestras raíces aquí son demasiado profundas.

Ver a mi madre así me entristeció. No parecía la leona que había sido cuando yo era niña, sino una mujer cansada, derrotada por el tiempo. El amor, las pérdidas y las decepciones habían puesto a prueba su resistencia, erosionando poco a poco a la persona vibrante que una vez fue.

Y lo peor era que esto apenas comenzaba.

Capítulo 21

Padre mío

Mi padre siempre tuvo una memoria envidiable. Recordaba nombres, rostros, fechas, detalles mínimos que a otros se les escapaban. Pero un día, poco a poco, comenzó a fallarle.

Al principio eran olvidos pequeños. Palabras que no encontraba. Historias que repetía. Preguntas que hacía dos veces. Luego se volvieron más frecuentes, más evidentes, más dolorosos.

Una visita al médico confirmó nuestros peores temores.

Les dije antes que yo era una persona optimista. Así que me aferré a la esperanza con terquedad. Me repetía que los médicos estaban equivocados, que mi padre mejoraría, que todo aquello sería pasajero.

Pero no lo fue.

Sus capacidades cognitivas continuaron deteriorándose, día tras día, como si una fuerza invisible le estuviera apagando lentamente la luz desde adentro.

En aquel entonces yo trabajaba en el Hotel Tritón, en el municipio de Playa. Fue el primer hotel construido en La Habana después de 1959. Con el aumento de visitantes estadounidenses, mis propinas crecían y muchas eran en dólares, una moneda valiosa porque podía usarse en las diplotiendas.

Padre mío

Me sentía agradecida de que, gracias a mis conexiones, pudiera comprar comida en esas tiendas y llevarla a casa para mis padres. Me aferraba a la idea de que una mejor dieta ayudaría a mi padre a recuperarse. Como si el amor, mezclado con carne, frutas y leche, pudiera salvarlo.

Pero no es fácil ver a un padre marchitarse. Es como observar una hoja caer del árbol y deshacerse lentamente, sin que nada pueda detener el proceso. En 1983 nos mudamos de nuestra casa cerca del estadio a un apartamento en Centro Habana. De todos modos, ya habíamos dejado de ir a los partidos de béisbol. Mi padre no podía disfrutarlos. Una ubicación más céntrica —cerca de los hoteles y restaurantes donde yo trabajaba— tenía más sentido.

Después de la mudanza, mamá no quería separarse de él ni por un minuto. Se sentaba a su lado como si su presencia pudiera mantenerlo vivo. Apenas comía. Adelgazó tanto que también llegamos a temer por ella.

Mi padre se fue con Dios tranquilamente en una tarde soleada de sábado de 1988, con la familia reunida a su alrededor. Mamá y yo le sosteníamos las manos.

Alfredo estaba allí con Anita y sus dos hijos, que ya eran adultos, de más de veinte años.

Cuando papá dio su último aliento, supimos que su sufrimiento había terminado... pero eso no evitó que el dolor nos destrozara. Las lágrimas salieron sin permiso. Abracé a mamá mientras Alfredo y yo intercambiábamos miradas desde la distancia, como si ambos estuviéramos buscando un lugar donde sostenernos.

Padre mío

Luego mamá se refugió en los brazos de sus nietos.

Alfredo seguía mirándome, con los ojos llenos de emoción.

Yo entendí lo que necesitaba.

Abrí los brazos y él se acercó. Nos abrazamos. Y esta vez Alfredo no fingía.

Podía sentirlo. Los dos estábamos rotos. Los dos sabíamos que si íbamos a sobrevivir a esa pérdida, tendríamos que apoyarnos mutuamente.

En los meses posteriores a la muerte de mi padre, dejé de ser quien era. Era como si me hubieran arrancado la mitad del alma. Yo había sido la niñita de papá, la que él creía que debía proteger. Y ahora mi protector ya no estaba.

Era la primera vez que enfrentaba una pérdida tan grande.

Sí, la abuela Raimunda y la tía Angelita habían muerto antes. Pero no las veía todos los días. La muerte de un padre es distinta. No solo duele: transforma. Nos obliga a mirar el mundo con otros ojos. Nos convierte en alguien más silencioso, más consciente de la fragilidad de la vida.

Y, de pronto, aparece un miedo nuevo: la certeza de que mamá también se irá algún día... y de que, tarde o temprano, nosotros la seguiremos.

Perder a un padre nos obliga a mirar de frente aquello que siempre tratamos de ignorar.

La muerte.

Yo no quería ver el mundo de esa manera.

En el trabajo me dieron tres días para llorar. Tres días para despedirme. Tres días para regresar "normal".

Pero tres días no alcanzaban.

Padre mío

Cuando regresé al hotel a tocar el piano para los turistas, me sentía incompleta, como si me faltara una pierna. Mi música se volvió más melancólica y mis propinas comenzaron a disminuir. Era como si la gente notara mi tristeza. Venían a Cuba para escapar de sus propios problemas, para distraerse, para reír... y era mi trabajo ofrecerles esa ilusión.

Así que tuve que obligarme a volver a ser la Milagros de antes. No porque ya estuviera bien. Sino porque la supervivencia de mi familia dependía de ello.

El espectáculo tenía que continuar.

Capítulo 22

Celeste Mendoza

Nunca pensé que volvería a ver a Celeste Mendoza, la cantante que me inspiró a convertirme en pianista. Sin embargo, la vida tiene una extraña forma de reconectarnos con nuestro pasado. Aquella tarde de 1989, aproximadamente un año después de perder a mi padre, yo estaba tocando el piano en el elegante restaurante La Torre, en el último piso del edificio FOCSA. Localizado en el centro del Vedado, cerca de la intersección de las calles M y N, este edificio era el más alto de Cuba. Mientras tocaba, rodeada del sonido de platos y utensilios y de las conversaciones tranquilas a mi alrededor, me sentía como si estuviera en la cima del mundo.

Durante mi actuación, algunos clientes se acercaron a dejarme uno o dos dólares en el frasco. Otros depositaron monedas de países desconocidos que no podría usar. Algunos se quedaron a mi lado durante unos momentos y asintieron con la cabeza en señal de aprobación.

Para entonces, ya no le temía al público. Al contrario, cuando tocaba en restaurantes, no tenía el foco cegador de los escenarios grandes sobre mí, lo que me permitía mirar a la multitud. Me gustaba hacerlo de vez en cuando.

En esta tarde soleada, mientras miraba a mi alrededor, a solo unos metros de distancia, noté un rostro familiar. No lo podía creer. De vez en cuando, se volvía hacia mí, sonreía y movía el cuerpo al ritmo de la música.

Cuando terminó mi actuación, me acerqué tímidamente a ella.

—¿Es usted Celeste Mendoza? —Pregunté, temiendo haberla confundido con otra persona.

—Sí, lo soy—dijo ella.

—Como una de las mejores cantantes de Cuba, debe conocer a muchas personas, por lo que estoy segura de que no se acuerda de mí. Mi padre, Angelito, trabajaba en el Hotel Nacional y un día me la presentó.

Le expliqué lo sucedido y cómo ese encuentro había cambiado mi vida. A pesar de los años, Celeste seguía pareciendo una estrella. Olía a perfume caro y vestía con elegancia, con el pelo peinado hacia atrás y recogido en un moño. Su sonrisa iluminaba el salón mientras hablaba.

—La vi y quise darle las gracias—le dije—. Pocas veces podemos dar las gracias a quienes nos inspiran. Me cambió la vida.

Sus ojos brillaban.

—Recuerdo a tu papá—dijo—. Buen hombre. ¿Cómo está?

—Falleció el año pasado.

—Lo siento mucho. Pero me alegra que me haya presentado a ti. Estoy aún más feliz de que mis palabras te hayan impactado. Ojalá te hubiera conocido antes. Me hubiera encantado actuar en el escenario contigo. Eres excepcionalmente talentosa.

—¿Lo dice en serio?

Celeste Mendoza

—Absolutamente. Deberías estar orgullosa de ti misma. Y estoy segura de que tu padre te mira desde el cielo y te sonríe cada vez que tocas el piano. Aquella fue la última vez que vi a Celeste. Leí que murió nueve años después, el 22 de noviembre de 1998. Su muerte fue reportada en The New York Times, donde la llamaron «La Reina del Guaguancó». La causa de la muerte no fue revelada, pero años después la gente rumorearía que había muerto de insuficiencia respiratoria tras beber en exceso.

Murió sola y su cuerpo fue hallado días después. Cuando escuché la noticia, me pregunté si yo también moriría sola, si alguien escribiría sobre mí en los periódicos de Nueva York. Entonces, regresé a la realidad. Claro que no.

¿Quién escribiría sobre una solitaria pianista que tocaba en restaurantes y bares?

Capítulo 23

Los rusos

A finales de la década de 1980, yo tocaba el piano en el Hotel Amistad, que después se conoció como el Hotel Koli. Este albergaba a asesores militares soviéticos y a sus familias. Un día, una pareja joven de piel clara y ojos azules y sus dos hijos pequeños, muy parecidos al padre, se me acercaron y se quedaron junto al piano para verme tocar. Los saludé con un leve movimiento de cabeza y una sonrisa. Para mi asombro, después de terminar de tocar mi primera canción, la mujer me habló en un español perfecto.

—Tocas muy bien—me dijo—. Podría escucharte para siempre.

Le di las gracias.

—¿Quiere que le toque alguna canción en particular? —Le pregunté.

—No conozco los títulos de las canciones, pero estoy segura de que cualquier cosa que elijas está bien. Tienes una manera muy especial de llegar al corazón de la gente.

—Me mira con ojos amables. No soy nada especial.

—¿Ves? Sin conocerte, reconocí la humildad en tus ojos. Cuando tocas, sabes cómo transportarte a ti misma y a quienes te rodean a un lugar extraordinario. Y es como si no te dieras cuenta de que lo estás haciendo, como si no supieras lo talentosa que eres.

Mi rostro se enrojeció. Había recibido muchos elogios antes, pero ninguno tan directo como este desde que estaba saliendo con Adam. Volví a pensar en él. Habían pasado muchos años desde la última vez que lo vi y todavía no podía apartarlo de mi mente. Esperaba volver a verlo algún día. La verdad es que yo era demasiado idealista. ¡Aún guardaba su foto, por el amor de Dios! Pero no quería que nadie supiera lo que sentía por él. Ese era mi secreto. La joven pareja, de pie junto al piano, me traía recuerdos de Adam y de mí juntos. Se veían tan felices como nosotros.

Natasha y Vladimir se presentaron a sí mismos y a sus hijos, y este fue el principio de una estrecha amistad. Durante el mes en que estuvieron alojados en el hotel, me hablaron sobre sus vidas. Natasha trabajaba para una aerolínea rusa y Vladimir era el asistente del asesor militar soviético de Raúl Castro. Ella se mostró interesada en conocer detalles sobre las condiciones económicas de la isla y cuando se los expliqué, quiso ayudar a mi familia.

Los asesores militares soviéticos y sus familias tenían acceso a un almacén que contenía todas las provisiones que no estaban disponibles para los cubanos en la isla, por lo que Natasha me traía algunos productos enlatados.

De vez en cuando, Natasha y su familia nos visitaban en nuestra casa en su automóvil. Luego, cuando la familia se mudó a una hermosa casa cerca del Hotel Amistad, yo también comencé a visitarlos.

Los rusos

Durante una de mis visitas a la casa de Natasha, me dio varias latas de carne rusa (*Tushonka*) que no quería y me las llevé a casa.

Mamá siempre había evitado la carne enlatada rusa porque la gente rumoreaba que estaba hecha de oso, pero más tarde supe que era de res o de cerdo. La primera vez que abrí una lata, noté una mezcla de manteca de cerdo, gelatina y carne gruesa. Mi madre le añadió especias a la carne, la cocinó a su manera y, la verdad, no sabía mal. A medida que pasaban las semanas, Natasha y yo seguíamos acercándonos. Un día, cuando la visité, me preguntó:

—¿Y tienes novio?

Ella estaba en la amplia cocina, preparando *stroganoff* de ternera mientras hablábamos.

—He tenido algunos, pero ninguno memorable.

Natasha dejó de hacer lo que hacía y se volvió hacia mí.

—Vamos —dijo ella—. Debe haber habido alguien especial.

Permanecí en silencio y miré hacia abajo. Sentí que me miraba.

—¡Lo sabía! —Dijo como si hubiera sido capaz de leer mis pensamientos—. ¿Quién era?

Me encogí de hombros.

—Es una tontería hablar de eso. Ha pasado mucho tiempo desde que lo vi.

Natasha no se dio por vencida. Yo era tan transparente que no tuve más remedio que contarle mi secreto mientras ella escuchaba atentamente.

—Eso que me cuentas es muy romántico— dijo—. Es muy triste que lo hayas dejado ir, pero entiendo que no querías dejar a tu familia. Ha sido muy difícil para mí separarme de la mía en la Unión Soviética.

—Me lo imagino —le dije.

Ahora que Natasha conocía mi secreto, me sentía aún más cerca de ella. Era como tener una hermana, por ridículo que sonara.

Un día, en 1991, estaba visitando a Natasha cuando Vladimir llegó de forma inesperada. Ella y yo estábamos sentadas en el sofá y nos levantamos para saludarlo. Vestía un uniforme militar y tenía la mirada preocupada y el rostro enrojecido. Violentamente, sacó su billetera del bolsillo y buscó algo dentro. Luego arrojó una tarjeta al suelo.

—¡Se acabó todo! —gritó en español—. ¡Todo se ha ido a la mierda!

Nunca había visto a este joven de modales apacibles tan molesto.

Se puso la mano en el pecho. Al verlo tan consternado, me sentía como una intrusa, pero quería saber qué estaba pasando.

—El comunismo ha caído en la Unión Soviética. ¡Fue todo un fracaso! —dijo.

Abrí los ojos de par en par. Las preguntas que tuve durante mis viajes a la Unión Soviética ya habían sido respondidas. Ahora sabía que las personas que vi caminando por las calles de Moscú y Leningrado no estaban contentas.

No podía decirle a Vladimir lo que pensaba, pero le hablé en mi mente: —¿Estás sorprendido?

Vladimir y Natasha habían sido muy amables conmigo, así que me sentí mal por ellos. Vladimir parecía tan desesperado y perdido.

Los rusos

—Pero no lo entiendo. ¿Así nomás? —preguntó Natasha, agarrándole las manos. Los niños habían dejado de jugar en su habitación y se unieron a nosotros. —Por favor, regresen a su habitación —dijo Natasha—. Su mamá y su papá tienen algo serio que hablar.

Los niños obedecieron. Después de que se fueran, dije:

—Debo irme. Si hay algo que pueda hacer, por favor, háganmelo saber.

Abracé a Natasha y me fui.

Sabía poco sobre los factores que hicieron fracasar el comunismo y me preguntaba si Cuba seguiría los mismos pasos.

Más tarde, me enteré de que cuando el presidente ruso Mijaíl Gorbachov asumió el poder en 1985, había instituido nuevas políticas para revitalizar el Partido Comunista: *glásnost* (apertura) y *perestroika* (reestructuración). Pero en lugar de arreglar el sistema, el Estado perdió el control de los medios de comunicación, lo que le abrió las compuertas a las críticas por la escasez y la mala administración de asuntos fiscales.

Pocos meses después de la caída del comunismo en los países del bloque europeo del Este, el hotel donde trabajaba se convirtió en una ciudad fantasma cuando los rusos regresaron a casa. Vladimir fue el primero en irse. Se suponía que Natasha seguiría poco después, pero había mucha burocracia y confusión en aquellos tiempos. Al igual que Natasha y sus hijos, quienes estaban atrapados en Cuba, Mayda, una de mis primas que estudiaba en

Los rusos

Rusia, también estaba allí sin posibilidades de salir. Tardó semanas en regresar a Cuba.

—Hubo mucha confusión cuando cayó el comunismo—me dijo Mayda—. Nadie sabía qué hacer ni cuándo podríamos regresar a casa.

Esa misma confusión existía en Cuba. Unas semanas después de que Vladimir se fuera, Natasha y sus hijos fueron sacados de la hermosa casa donde vivían y alojados en un hotel para rusos de bajo nivel, un lugar tan inadecuado que la gente lo llamaba el pulguero.

La visité allí y me dijo que el gobierno cubano apenas le daba de comer a su familia. Estaban pasando hambre.

—No puedo creer que nos traten así después de que mi país hizo tanto por los cubanos—me dijo.

Compartí con mamá lo que me dijo, que para entonces había perdido la fe en la revolución.

—Si esta gente ha matado a los suyos, si no nos alimenta ni nos trata como ciudadanos de segunda clase en nuestro propio país, ¿qué puede esperar un extranjero que ya no se considera útil? Los rusos excedieron su plazo de caducidad. Y ahora, serán desechados como basura.

La vida se estaba volviendo más difícil para nosotros, pero no podía darle la espalda a alguien que una vez había ayudado a mi familia. Así que un día les llevé una tortilla a Natasha y a sus hijos. Eso era todo lo que podía hacer por ella.

Natasha se fue de Cuba unos días después y nunca más la volví a ver.

Capítulo 24

Período Especial

Lástima que mi padre no hubiera estado vivo para explicarme por qué, después de la caída del comunismo en la Unión Soviética y en Europa del Este en 1991, Cuba entró en un colapso económico. Me gustaba la forma en que me explicaba las cosas. Por suerte, Alfredo había asumido el papel de mi padre al reducir las respuestas a preguntas complejas a explicaciones simples. Me dijo que el 80% de las importaciones y exportaciones de Cuba habían desaparecido de la noche a la mañana. Imagínese si eso sucediera en su país.

Durante lo que se conoció como «El Período Especial en Tiempo de Paz», apenas había combustible para los pocos automóviles en la carretera, por lo que la gente tenía que depender de un transporte alternativo. El gobierno le encargó entonces 1,2 millones de bicicletas a China y comenzó a redirigir algunas fábricas a la producción de estas. Los accidentes aumentaron al incrementarse el número de bicicletas en las carreteras, especialmente por la noche. Pero estas solo podían llevar a los ciclistas hasta cierto punto. Por lo tanto, algunos autobuses se adaptaron para transportar bicicletas y acomodar a más pasajeros más cerca de sus destinos. Durante este período, surgió un medio de transporte llamado *camellos*, un autobús de dieciocho ruedas que tenía dos jorobas, como el lomo de un camello, y podía transportar a cientos de pasajeros de pie. La inseguridad alimenticia y los apagones continuos prevalecieron durante este período. Por lo tanto, a menudo pasábamos las últimas horas del día conversando bajo el resplandor amarillo de una lámpara china de queroseno. Cuando hacía demasiado calor para estar adentro, nos sentábamos en el balcón y observábamos la sombría ciudad. Incluso bajo una envoltura de oscuridad, La Habana me parecía bella e intrigante, lo que podría explicar por qué quienes abandonaron esta isla nunca se olvidaron de ella.

Desde mi balcón, podía escuchar las voces de mis vecinos.

—Pedrito, ¿tenemos más querosén?

—No, Mami, se acabó.

—Anita, ¿dónde está el perro? ¿Dejaste la puerta abierta?

—¡Hace demasiado calor dentro, Mami! ¡Me estoy derritiendo!

Si las raciones ya habían disminuido antes del Período Especial, ahora se habían realizado recortes aún más drásticos a partir de esos niveles. Los apagones a veces duraban seis horas o más. La gente a menudo se acostaba con hambre y consumía menos de 2.000 calorías al día. Muchos de mis amigos habían perdido una quinta parte de su peso o más. Castro le llamó a este período de grave escasez de alimentos «El Período Especial», pero otros lo caracterizaron como «La Gran Hambruna».

Los alimentos y la electricidad no fueron las únicas víctimas de la situación económica. Los hospitales daban miedo por la falta de mantenimiento e insumos básicos. Debido al estado de desesperación, al hambre y a la falta de suministros adecuados, los trabajadores de los hospitales se frustraron y algunos dejaron de prestar atención a sus pacientes. Alrededor de 1992, el gobierno les dio a aquellos que consideraba «buenos revolucionarios» un cupón de pizza que les daba derecho a comprar una pizza personal. Conseguí un par para Mamá y para mí. En ese año, Alfredo y su familia no vivían con nosotros. Se habían mudado a la casa de su suegra.

En aquel día húmedo, llegamos a la fila de la pizza antes de que el sol saliera en el horizonte, cuando la hierba aún mostraba el brillo del rocío de la mañana. Para entonces, la fila ya tenía cuatro cuadras de largo.

—¿Es esta la cola de la pizza? — le pregunté a la joven delante de mí para asegurarme de que estaba en el lugar correcto.

Ella asintió y sonrió.

Ocupamos nuestro lugar al final de la fila. Luego, conté las botellas de agua en mi bolso y me pregunté si serían suficientes.

Para entretenerme, enfoqué mi atención en la pareja que teníamos delante. La joven vestía unos diminutos pantalones cortos y el hombre que la acompañaba estaba sin camisa y con el pelo largo. Eso despertó la curiosidad de mi madre.

—¿Y ustedes tienen cupones los dos? —preguntó Mamá. Pensé que tenía que hacer algo para matar el tiempo.

—Mi novia tiene uno—dijo el muchacho—. Pero ¿le parezco a alguien que tendría un cupón de pizza?

Mamá hizo un gesto negativo con la cabeza y soltó una risita casi burlona.

—No, de verdad que no—dijo ella.

El hombre se echó a reír.

—Aquí todo se basa en la gente que uno conoce. Todo está a la venta. Es por eso que tengo un cupón.

La joven lo golpeó en la costilla con el codo.

—Por favor, no le haga caso a mi novio—dijo la muchacha—. Él se ganó su cupón por su buen comportamiento revolucionario.

—¡Pero no es verdad, chica! —protestó él—. Además, ¿por qué me pegas, Elsa? No hice nada malo.

Elsa le abrió mucho los ojos y comprendí perfectamente lo que trataba de ocultar.

Después de hacer cola durante dos horas, solo nos habíamos movido dos cuadras. Faltan dos horas más, pensé. Para protegerse del sol, Mamá se sentó bajo el techo de la bodega de la esquina. Parecía tan cansada.

—Si alguien me hubiera dicho, después del triunfo de la revolución, que yo estaría haciendo cola durante horas para comerme un trozo de pan con un poco de salsa de tomate, habría dicho que estaba loco—dijo, secándose el sudor de la frente.

Permaneció en silencio por un momento antes de continuar.

—¿Y sabes lo más frustrante de todo esto? ¡Yo los ayudé! ¡Soy parte del problema!

—No puedes culparte a ti misma—le respondí—. Sé que tus intenciones eran buenas.

—Me siento como una tonta.

Sus ojos se llenaron de lágrimas.

—Y tu padre me lo dijo. Sabía hacia dónde se dirigía este país. Predijo que algún día me arrepentiría de haberlos ayudado.

—Mamá, no deberías hablar así aquí—le dije, temiendo que alguien pudiera escucharla y denunciarla.

—Estoy cansada—dijo—. Estoy cansada de quedarme callada.

—Ya verás, Mamá. Pronto te comerás una sabrosa pizza y te olvidarás de todo esto. Permaneció callada. A medida que la fila se movía, palideció por el agotamiento. Había envejecido mucho desde la muerte de mi padre y ahora tenía profundos surcos bajo los pómulos y en la frente.

—Ya casi llegamos al frente, mamá —la tranquilicé una y otra vez.

A medida que pasaba el tiempo, la inquietud y la frustración crecían. Al final de nuestra cuadra, dos personas en la fila comenzaron una pelea a puñetazos.

—El hambre nos está convirtiendo en monstruos—decía mi madre.

—Siempre hay alborotadores por todas partes, Mami —respondí.

Después de otras dos horas, estábamos más cerca del frente de la fila. Podía oler el queso y el pan recién horneado y nuestros estómagos gruñían.

—Ya casi está —dije de nuevo, frotándome las manos.

Estábamos a punto de entrar en la pizzería. Teníamos un par de personas más frente a nosotros y luego nuestra espera terminaría. Abaniqué a mi madre con un cartón para ayudarla a refrescarse.

—Preocúpate por ti misma —dijo, agotada.

Momentos después, un hombre corpulento y de rostro enrojecido, vestido con una camisa blanca y pantalones cortos, salió del establecimiento.

—Por favor, acérquense—le dijo a la multitud—. Tengo algo que comunicarles.

Mamá y yo intercambiamos miradas.

—¿Qué pasa? —Gritaba la gente a nuestro alrededor.

El empleado esperó a que la gente se callara antes de hablar. Luego dijo:

—Lamento mucho anunciar que hoy no habrá más pizza. Se acabó la harina.

—¿Cómo que no hay pizza? ¡Hemos estado en la cola durante cuatro horas! —Le grité.

Miré hacia Mamá. Se había llevado la mano al pecho y se veía muy pálida. Entonces, soltó un grito que paralizó a los que la rodeaban. Luego se tambaleó y cayó, mientras yo intentaba agarrarla antes de que golpeara la calle pavimentada. Pero yo no era lo suficientemente fuerte. Empapada de sudor, me coloqué sobre ella.

—¿Qué te pasa, Mamá? —Le pregunté, dándole una suave palmada en las mejillas.

Se había caído inicialmente de costado, pero ahora yacía en el suelo, con los ojos dirigidos al cielo azul y soleado. Le seguí preguntando qué le pasaba, pero actuaba como si no me escuchara. Solamente daba gritos ensordecedores mientras la gente a nuestro alrededor la observaba.

—¡Angelito, llévame contigo! —Le gritó a su esposo muerto.

Luego cerró los ojos mientras sus lágrimas se deslizaban por el pavimento.

Me senté en el suelo y le rocié un poco de agua sobre su sudoroso rostro.

—Mami, por favor—le dije—. Levántate. Trataré de encontrar una manera de llevar más comida a casa para que nunca tengas que pasar hambre ni hacer colas tan largas. Mami, por favor.

Pero no me respondió. Este fue un punto de inflexión para mi madre. Nunca volvió a ser la misma. Al igual que mi padre, se marchitó poco a poco hasta que su corazón se rindió en 1993. Estaba cansada de luchar.

En 1994, más de 34.000 personas salieron de Cuba en balsas improvisadas. Preferían arriesgarse a morir en el mar antes que vivir bajo las horribles condiciones de entonces. En agosto, miles de personas en La Habana salieron a las calles cerca de *El Malecón* para protestar por las condiciones económicas y la falta de libertad. A esta protesta se le llamó *El Maleconazo*.

Ahora que mis padres habían muerto, todavía tenía que luchar por mi hermano y mis sobrinos. No podía permitir que pasaran hambre.

Capítulo 25

Siguiendo adelante

Yo trabajaba en varios restaurantes de La Habana, incluyendo *El Patio* (cerca de la *Plaza de la Catedral*) y el *Moscú* (hasta que este se quemó). A veces, caminaba hasta treinta cuadras de ida y vuelta al trabajo. En otras ocasiones, montaba en bicicleta. Si tenía un compromiso cerca de la playa, tomaba el transporte público, pero salía horas antes para llegar a tiempo.

Trabajé duro, siempre buscando la manera de ganarme la vida y aprovechando todas mis conexiones. A través de unos amigos, encontré trabajo en un círculo social asignado a los miembros del *Ministerio del Interior* (MINIT), *el Círculo Cristino Naranjo*. Allí solo trabajaba los sábados y domingos, desde el mediodía hasta las 6 p.m., y almorzaba en la cafetería asignada a los trabajadores. Mis empleadores me permitían comprar comida para dos personas, así que compraba carne y otros alimentos a un precio reducido, disponible solo para los miembros de las Fuerzas Armadas y del Ministerio del Interior.

Un día, mientras compraba la comida que me llevaría a casa, conocí a Regla, la gerente de la cafetería, una mujer cincuentona, risueña y con dientes blancos que contrastaban con su piel de color chocolate. Desde ese momento en adelante, cada vez que ella me veía, me saludaba con alegría.

125

—¿Cómo está tu familia, Milagros? —Me preguntaba. Intercambiábamos chistes y ella me mostraba fotos de su nieta, su orgullo y su alegría. Estos encuentros amistosos eventualmente conllevaron a una pieza adicional de pollo o más arroz para llevar a casa. Había sido un reto conseguir un trabajo en el MINIT. Mis empleadores me sometieron a una rigurosa verificación de antecedentes para garantizar que pudieran confiar en mí. Entendí lo afortunada que era de trabajar allí. Así que durante los años en que toqué el piano en este sitio, cada fin de semana regresaba a casa con suficiente comida para una semana. Claro, eso era si planificábamos la comida cuidadosamente. Por ejemplo, si traía pollo a casa, nunca botaba los huesos. Los usaba para hacer sopa de pollo. A veces, en vez de comerme el pollo, hacía croquetas.

El mercado negro se fortaleció durante este período y yo tenía el dinero de las propinas. Comprar productos en el mercado negro nos permitió llenar el vacío.

La gente en Cuba decía que la necesidad era la madre de la invención. La necesidad nos enseñó a dividir una comida para dos personas en múltiples porciones para varios días y seguir luchando por nuestra sobrevivencia.

Capítulo 26

Una familia en crecimiento

En 1998, cumplí cuarenta y siete años y aún no estaba casada. Tuve varios novios a lo largo de los años, pero ninguno se comparaba con Adam. A menudo pensaba en él y me preguntaba si lo reconocería si alguna vez volvía a verlo. A estas alturas, probablemente ya tenía hijos mayores y vivía una vida feliz.

Según los estándares cubanos, me había convertido en una solterona. Por suerte, para entonces mi sobrino William ya tenía una hija de ocho años, hermosa e inteligente como sus padres. Su matrimonio no duró mucho, pero él y su esposa siguieron siendo amigos. Así que la pequeña Cecilia pasaba algunos fines de semana con William y conmigo. Yo amaba a mi sobrina, no solo porque llevaba mi sangre, sino por lo buena y cariñosa que era.

Alfredito, el hermano de William, estaba casado, pero no tenía hijos. Los años que Alfredito pasó escuchándome tocar el piano deben haberlo afectado, ya que se convirtió en el director de un grupo de bailarinas. Nunca lo conocí como un bailarín, pero todo era posible en Cuba con las conexiones adecuadas.

Mientras tanto, en los Estados Unidos, la familia también crecía. Una de las hijas de Angelita, Laura, ya tenía nietos y vivía en Tampa, Florida, con su creciente familia. Ella y su esposo eran dueños de una pequeña empresa de cristales que habían creado después de que Rio se lesionara la espalda en el trabajo y recibiera un cheque de compensación laboral por $10,000. Su espalda nunca fue la misma, pero con el pequeño negocio detrás de su casa, trabajaba las horas que podía, descansaba un poco y seguía trabajando.

La hermana de Laura, Berta, vivía con su esposo y sus dos hijas en West Palm Beach, Florida. El resto de los primos y sus familias residían en Miami.

A pesar de lo unida que había estado la familia en Cuba, en los Estados Unidos, estas conexiones se perdieron con el tiempo. Durante una de mis conversaciones telefónicas con Laura, le pregunté sobre esto.

—¿No te molesta que la familia esté tan separada y que tus primos y sus familias vivan sus vidas sin importarles si vives o mueres?

—La felicidad nunca es completa—me dijo—. Es un precio que estoy dispuesta a pagar por vivir en libertad. Todos mis sacrificios valieron la pena. Los doce años que pasé fuera de Río fueron un precio adecuado a pagar por el futuro de mis hijos. Mis primos están demasiado ocupados preocupándose por el futuro de sus hijos. Es normal.

Sus palabras me hicieron pensar en mi abuela Raimunda y en sus temores a salir de Cuba.

¿Podría haberse equivocado?

Capítulo 27

1997

Alfredo nunca me habló de los planes de Alfredito y eso me molestó mucho. Había tratado a los hijos de Alfredo, William y Alfredito, como si fueran míos, así que ¿no creen que me merecía la cortesía de un adiós? Sabía que Alfredito había ido a Veracruz, México, como director de su grupo de bailarinas. Su mamá, Anita, y su esposa, Melisa, lo acompañaron en este viaje. Aunque Melisa actuaba como bailarina, nunca tomó clases formales de baile. Aprendió la coreografía de las demás muchachas para poder salir del país como parte del grupo. Anita era la asistente de Alfredito. Como se dará cuenta, los cubanos somos muy creativos e ingeniosos y Alfredito era prueba de ello.

Pero había algo que Alfredito me había ocultado. No me enteré de algunos de los siguientes eventos hasta mucho después.

Alfredito y su grupo habían viajado a México a través de los mismos arreglos que me permitieron viajar por toda Sudamérica y a Rusia y a Polonia en mis dos primeros viajes. Alfredito y su grupo, al igual que mi grupo y yo, formábamos parte de intercambios culturales «unilaterales». Después de que terminó el contrato en Veracruz, Alfredito le dijo a cada bailarina que podía hacer lo que quisiera, ya que él tenía otros planes. Alfredito, Melisa y Anita fueron entonces a la embajada en México para solicitar asilo político.

—Primero deben regresar a Cuba y luego solicitarlo desde allí—les dijo el funcionario.

Pero Alfredito no quería regresar. Sabía lo que sucedería. Nunca más podrían salir de Cuba ni él ni su familia.

Alfredito, Melisa y Anita solo tenían una opción: pagarle a un coyote en México para que los llevara a los Estados Unidos. Eso les llevó varios días y todos sus ahorros. Después de cruzar el Río Bravo, la policía fronteriza de los Estados Unidos los capturó y los llevó a la cárcel.

Como recordarán, Laura, la hija de Angelita, y sus tres hijos habían residido en los Estados Unidos desde 1980, después de reunirse con Rio, el esposo de Laura. Por lo tanto, Alfredito llamó a Laura para pedirle ayuda. Para permanecer en los Estados Unidos, Alfredito, Anita y Melisa necesitaban un patrocinador y unos cuantos miles de dólares.

Laura era una mujer única. Nunca pudo decirle que no a nadie necesitado y mucho menos a la familia. Su decisión de ayudarlo generó tensión entre Laura y Rio.

—No quiero a nadie en nuestra casa. Estoy demasiado viejo para eso. Necesito paz—dijo Rio.

—Son mi familia y están necesitados—respondió ella—. Reuniremos el dinero que necesitan y les daremos un lugar donde puedan quedarse hasta que reciban sus permisos de trabajo.

1997

—¡Serás la culpable de mi muerte, Laura! Rio le aseguró—. ¿No fueron suficientes los doce años que pasamos separados? ¿Cuánto más quieres que me sacrifique?

Pero ella pensó que él estaba fanfarroneando. Entre Laura, sus tres hijos adultos y su hermana Berta, reunieron el dinero que Alfredito necesitaba. Rio estaba tan enojado por el desafío de Laura que, unos días después de que ella le enviara el dinero a Alfredito, tuvo un derrame cerebral. Cuando Alfredito, Anita y Melisa fueron liberados de la cárcel y colocados en un autobús hacia Tampa, Florida, donde vivía Laura, Rio ya estaba en una silla de ruedas y se había quedado mudo.

Alfredito, Anita y Melisa vivieron con Laura y Río durante meses hasta que obtuvieron permisos de trabajo.

Rio murió un año después de otro derrame cerebral. Tenía sólo sesenta años.

No me enteré del calvario de Alfredito hasta que llegó a la casa de Laura y me llamó para explicarme que no regresaría a Cuba.

—¿Cómo pudiste hacer esto? —le pregunté—. Este es el lugar donde naciste. El que no ama la tierra donde nació no ama a nadie.

—Amo a Cuba, pero no en lo que se ha convertido—respondió—. Lo siento, Tía Milagros. No tenía otra opción. Más adelante, cuando mi vida se normalice, te reclamaré si quieres.

—¿Por qué es tan difícil entender que este es mi hogar? Aquí están enterrados mis padres. ¡No me voy a ir a ninguna parte!

Y así, perdí otra parte de mí. Pero no podía permitirme que la tristeza me consumiera. Todavía

1997

estábamos en el Período Especial, así que tuve que luchar por mi hermano Alfredo, mi sobrino William y mi pequeña sobrina, quienes vivían conmigo. Valía la pena luchar por ellos.

Así que regresé al trabajo al día siguiente. Me senté detrás de un piano y toqué como si no pasara nada, sin importar cómo me sintiera por dentro. Lloviera o relampagueara, debía seguir adelante.

Capítulo 28

2000

Mientras tocaba el piano en el amplio vestíbulo del *Hotel Ambos Mundos*, se me acercó una clienta de mediana edad que llevaba un vestido de verano. Podía oler su colonia frutal.

—¿Sabes tocar «*Bésame mucho*»? —Me preguntó.

—¡Sí, por supuesto! —le respondí con una gran sonrisa.

Comencé a tocar la canción solicitada por la cliente y ella depositó un dólar en mi frasco de propinas.

—Gracias —le dije.

Me sentía cómoda tocando el piano en este hotel histórico, que alguna vez atrajo a muchos estadounidenses, entre ellos Ernest Hemingway, quien residió en el quinto piso en la década de 1930. Terminó su libro *Muerte en la tarde* en este hotel y comenzó otras dos novelas. El edificio rosado de cinco pisos, ubicado en la esquina de las calles *Obispo* y *Mercaderes* en La Habana Vieja, era difícil de pasar por alto y estaba a solo tres kilómetros (dos millas) de mi apartamento en *Centro Habana*.

Iba en bicicleta al trabajo y me refrescaba al llegar. Llevaba mi mejor par de tacones, una capa de agua, un vestido, una colonia rusa y desodorante en mi bolso. Nadie quería estar cerca de un pianista

133

maloliente ni de una que no se vistiera apropiadamente. Sin embargo, cuidaba mucho mi vestimenta de actuación. No podía simplemente ir a la tienda y comprar un atuendo nuevo. Claro que no. Aunque pudiera, no lo haría. Cuidaba mucho la ropa que compré cuando viajé al extranjero y nunca subí de peso, por lo que todavía me quedaba bien. Debido, en parte, a todo lo que caminaba, seguía tan delgada como una ramita.

Alfredo siempre me acusó de ser demasiado ahorrativa, pero si no lo hubiera sido, nunca habría podido sacar a mi madre de Cuba. Estoy segura de que ustedes entienden lo importante que es vivir sin remordimientos y cuando se trataba de mi familia, no tenía ninguno. Bueno, no es cierto. Ojalá hubiera tenido más tiempo con mis padres.

Tocaba cerca del bar y del vestíbulo principal, en un salón impresionante con techos altos y una sutil elegancia. El salón estaba casi vacío a esa hora, pero esperaba ver más clientes después de la puesta del sol.

Mientras tocaba y miraba a mi alrededor, noté a una pareja y a dos niños sentados en el vestíbulo y a otra pareja detrás de ellos. Entonces miré hacia la entrada y vi a un hombre entrar en el hotel. ¡No lo podía creer! ¿Qué hacía Alfredo aquí a esta hora? Sabía que no debía interrumpirme cuando estaba en el trabajo, así que me pregunté qué había pasado.

Se acercó a mí, se paró cerca del frasco de propinas y me preguntó:

—¿Cuándo te vas a tomar un descanso?

—Otros treinta minutos —le dije—. ¿Está todo bien?

—Sí, pero recibí una noticia y no podía esperar a que llegaras a casa a altas horas de la noche. Además, para entonces estaré dormido.
—Siéntate en una de esas sillas del vestíbulo —sugerí.

Se alejó y se sentó cerca de la pareja y sus dos hijos. Mientras tocaba, me sentía inquieta, preguntándome qué era tan importante. Nunca había interrumpido mi jornada laboral. ¿Le habría pasado algo a William? ¿Estaría enferma su hija?

Justo antes de mi descanso, la misma mujer que había pedido *a Bésame Mucho* volvió y me pidió una canción de Frank Sinatra, *New York, New York,* mientras depositaba otro dólar en mi frasco. Miré en dirección a Alfredo. No tuve más remedio que hacer lo que la mujer me pedía, así que Alfredo tendría que esperar un poco más.

Por fin, mi última pieza musical terminó. Caminé ansiosamente hacia Alfredo, quien parecía más feliz de lo que había estado desde que su esposa y su hijo, Alfredito, se fueron en 1997.

Me senté a su lado con una expresión inquisitiva.

—¿Qué pasó? ¿Está todo bien? — le pregunté.

—Sí, todo está bien, pero estaba tan feliz que no podía esperar a decírtelo—respondió alegremente—. No tienes la menor idea de cuántas veces soñé con este momento.

—¿Me lo vas a decir de una vez por todas?

—Me voy de Cuba en una semana—respondió como un relámpago.

Sentí un nudo en la garganta y la sangre corriendo hacia mi rostro. Por un momento, me dio un mareo. Entonces, me pregunté si lo había escuchado mal.

—No entiendo —dije con la esperanza de que mis oídos me hubieran traicionado.

—Alfredito se encargó de todo. Pagó los honorarios legales y todos los costos. Las cosas se movieron rápido porque Anita me reclamó. El proceso es más rápido cuando se trata de marido y mujer. ¡Así que volaré a Miami la próxima semana!

Lo miré inexpresivamente. ¿Cómo podría estar tan feliz? ¿No se daba cuenta de lo que me estaba haciendo su gran noticia?

—¿No estás contenta? —preguntó.

Por supuesto que no lo estaba. Durante meses, me había estado contando sobre el progreso del papeleo. Sin embargo, dado que Laura tardó doce años en reunirse con su esposo, pensé que sería lo mismo en su caso. Pero solo habían pasado tres años desde que Alfredito se fue y no estaba lista para perder a otro miembro de la familia en el exilio.

—¿No vas a decir nada? —Me preguntó.

Inhalé.

—Me alegro por ti —dije en voz baja.

—No pareces feliz.

—No te preocupes por mí. Tengo muchas cosas en la cabeza.

—Deberíamos celebrarlo con unas cervezas este sábado con William y algunos amigos cercanos. ¡Estoy tan contento!

—Sí, claro que sí —respondí pensativa.

Se quedó allí, mirándome como si esperara a que le dijera algo más. Cuando no lo hice, se levantó, me besó y se fue.

2000

No podía moverme. Si hubiera tratado de ponerme de pie en ese momento, habría sabido que mis piernas no habrían podido sostenerme. Lo vi alejarse mientras sus pasos resonaban en el suelo de baldosas. Entonces, lo vi unirse a la multitud fuera del hotel y desaparecer entre ellos.

Capítulo 29

Aeropuerto Internacional José Martí

William, Cecilia, Alfredo y yo nos paramos junto al área acristalada del *Aeropuerto José Martí* de La Habana, que algunos llaman *la pecera*. Varios pasajeros esperaban al otro lado del cristal, aparentemente ansiosos.

Desde que salí de nuestro apartamento esa mañana, me había dicho a mí misma que no lloraría. Debía ser fuerte por mi hermano, ya que su felicidad era lo más importante. Mientras me hablaba de tonterías, le acaricié suavemente el rostro.

—No comas mucho cuando llegues a Miami— le dije.

—¿Estás bromeando? Después de irme a la cama con hambre durante tanto tiempo, quiero comerme un bistec bien grande. Alfredito me va a llevar al restaurante Versailles cuando llegue a Miami.

—Cuida tu colesterol y dile a ese hijo tuyo que haga lo mismo, o la próxima vez que los vea a los dos, estarán rodando por las calles.

—Estaré bien—dijo—. No te preocupes tanto.

Dirigiéndose a Cecilia, Alfredo añadió:

—Cuando llegue a Miami, Abuelo te comprará una muñeca.

—Abuelo, gracias, pero estoy demasiado grandecita para jugar con muñecas. No botes el dinero en eso. Solo envíale algo de comida a tía Milagros, para que no tenga que trabajar tanto.

Cecilia, de once años, había madurado más allá de su edad. Era responsable, estudiosa y una hija y una sobrina cariñosa.

—No te preocupes. Cuando llegue a los Estados Unidos, encontraré trabajo y les enviaré comida de vez en cuando.

—Preocúpate por ti mismo—le dije autoritativamente, copiando a Mamá—. Sabes que siempre encuentro la manera de salir adelante. Sé que ser inmigrante no es fácil. Siempre recuerdo lo que decía nuestra abuela Raimunda.

—Pero ella tenía muchos hijos cuando ella y su familia llegaron a Cuba. Además, las cosas son diferentes en los Estados Unidos. Estoy listo para trabajar duro.

—Te estás haciendo viejo, Alfredo—respondí—. En solo dos o tres años, tendrás sesenta.

—Soy fuerte y me pondré aún más fuerte cuando coma adecuadamente.

No quería desanimarlo, pero mi siguiente pregunta se me escapó de los labios antes de que pudiera detenerla.

—¿Qué tipo de trabajo vas a hacer? No sabes inglés.

—Buscaré algo. No tienes que actuar como si fuera mi mamá.

—Si no me preocupo por mi hermano mayor, ¿quién lo haría?

Se echó a reír.

—Está bien, Mami —dijo.

Seguimos hablando por un rato más hasta que observamos movimiento en la pecera. Moví el cuerpo nerviosamente y me eché un mechón de pelo detrás de la oreja. Era el momento de decir adiós. Tomé una bocanada de aire exagerada, tratando de mantener la calma. No dejaba de decirme a mí misma: «La felicidad de mi hermano es lo único que importa». Necesito apoyarlo.

Aquel día, parecía feliz, como alguien que se hubiera ganado un millón de dólares. ¿Cómo podía verse tan feliz cuando estaba dejando tanto atrás? William, su hija y yo quedábamos aquí. Los restos de nuestros padres descansaban en el Cementerio Colón. Este lugar guardaba todos nuestros recuerdos de infancia: la casa de Mantilla, donde tanto peleamos; el estadio de béisbol, donde alentábamos a nuestro equipo favorito; y el malecón de La Habana, ese lugar mágico bañado por el mar Caribe. Era un lugar de soñadores, turistas y amantes, un lugar de reuniones familiares, donde algunos se sentaban en el corto muro que separaba la ciudad del mar, soñando con la codiciada tierra a solo noventa millas de distancia. El atractivo de esa tierra era tan fuerte que ahora se estaba llevando parte de mí.

Antes de que entrara a la pecera, cada uno de nosotros lo abrazó. Yo fui la última. Cuando lo hice, su cuerpo me pareció tan delgado como cuando estaba en las montañas de Oriente.

—Cuídate mucho, ¿me oyes? —Le dije de nuevo.

—Lo haré—respondió antes de alejarse.

Lo vi entrar a la pecera. Mis ojos permanecieron fijos en él: su cuerpo envejecido, su cabeza calva, la camisa blanca y los pantalones marrones que le quedaban demasiado grandes.

140

Aeropuerto Internacional José Martí

Cuando la puerta se abrió hacia el brillo de la pasarela, dio la vuelta y se despidió por última vez.

—Adiós, hermano mío—pensé mientras veía alejarse el regalo que me habían hecho mis padres. Cuando mis padres fueron a su lugar de descanso final, Alfredo se había convertido en todo lo que quedaba de ellos, la parte que pensé que se quedaría conmigo hasta que ambos fuéramos viejos y demasiado frágiles para caminar.

No podía seguir mirando en su dirección, así que me volví hacia William y mi sobrina y les dije:

—Los esperaré en la salida.

Tuve que alejarme antes de que se dieran cuenta de mi debilidad, debilidad que ahora rodaba a gotas por mi rostro. No quería que nadie supiera cómo me sentía.

No deseaba que se sintieran como yo.

Capítulo 30

El ascensor

Después de que Alfredo se fue de Cuba, traté de mantenerme lo más ocupada posible. Mi sobrino William trabajaba todo el día. Cuando terminaba su turno, siempre tenía un plan: visitaba a su hija en casa de su exesposa o salía con un amigo. Aunque yo conocía a mucha gente en La Habana, podía contar con los dedos de una mano el número de amigos. Así que, para luchar contra el aburrimiento, acepté cualquier trabajo que se me presentara. Trabajar como solista no me entusiasmaba tanto como la camaradería que encontraba cuando tocaba con un grupo, pero las oportunidades de solista abundaban. Podía tocar en bares de jazz, restaurantes y hoteles.

Mi repertorio había crecido a lo largo de los años. Además de la música tradicional cubana, tocaba música de Sinatra, los Beatles, Lionel Richie, Billy Joel y Phil Collins. Si escuchaba una canción una vez, podía duplicarla al piano. Por supuesto, no era una copia perfecta de la original, sino una interpretación muy parecida.

Por un tiempo trabajé en dos restaurantes del Edificio FOCSA: *El Emperador* y *La Torre*. El primero estaba en el primer piso y el segundo en el piso 35. Todas las noches, a partir de las 7 p.m., tocaba el piano en *El Emperador* durante treinta minutos;

El ascensor

luego tomaba el ascensor hasta La Torre para tocar otros treinta minutos. Eso continuaba hasta las 11 p.m. Ya les he hablado de *La Torre*, un restaurante de clase y con las mejores vistas panorámicas de La Habana. *El Emperador* era todo lo contrario: oscuro y sombrío. Me sentaba en un piano de cola negro y tocaba boleros y rock suave.

Cada vez que entraba en el ascensor, Manuel, un señor delgado de unos sesenta años, me saludaba con una sonrisa. Tenía ojos amables, una cabellera blanca cuidadosamente peinada hacia atrás y una forma única de hacer que los clientes se sintieran bienvenidos.

—¿De vuelta al piso 35, Milagros? —Me preguntaba.

—Ya conoces la rutina, amigo mío.

—Espero que los turistas te den buenas propinas esta noche—me decía si no había otros clientes en el ascensor.

—Lo mismo contigo—le respondía.

Movía la cabeza de un lado al otro repetidamente.

—Nadie da propinas a los ascensoristas, pero no importa.

—¿Y cómo están tú y tu familia?

—Cuando no estoy aquí, siento que todo lo que hago es hacer colas y más colas. ¿No es esa nuestra historia?

—Hay que ser positivos, Manuel. Algún día, las cosas cambiarán.

—Eso es lo que me gusta de ti, Milagros. Tienes una forma tan positiva de ver el mundo. Tal vez cuando vivas tanto como yo, veas el mundo de manera diferente. Todavía eres una bebé.

El ascensor

—Ya tengo 49 años. Ya no soy una bebé.

—Nadie sabría eso a menos que tú se lo digas.

E incluso si se lo dijeras, no te creerían.

Sonreí.

—Siempre eres muy amable. Dios te bendiga. Ese compañerismo continuó diariamente hasta un día. Aquella noche, al final de mi turno, cerca de las 11, tomé el ascensor de vuelta al primer piso.

—¿Ya te vas a casa? —Me preguntó.

—Así es. Mi bicicleta me está esperando abajo.

—Es demasiado tarde para que una joven como tú esté montando en bicicleta sola a esta hora.

—Lo hago todos los días.

—Por favor, cuídate. Quiero poder verte mañana.

—Lo haré, Manuel. No te preocupes.

Permanecimos en silencio durante un rato mientras observábamos la cuenta regresiva del ascensor. De repente, este se detuvo entre los pisos 20 y 19.

—Ay, Dios mío, ¿qué pasó? —gritó Manuel—. ¡Hola! ¡Hola! ¿Hay alguien por ahí?

—Creo que estaremos atrapados aquí por un tiempo.

Manuel se apoyó contra la pared trasera del ascensor y se tocó el pecho.

—Tengo un problema, Milagros. Soy claustrofóbico y tengo un corazón débil. ¡No puedo quedarme aquí! ¡Necesito encontrar una salida!

Intentó abrir la puerta del ascensor, pero no logró hacerlo.

El ascensor

—¡Ay, Dios mío! Mi esposa me había advertido que no aceptara este trabajo. Pero soy muy testarudo. Voy a morirme aquí esta noche.

Nerviosamente, golpeó la pared del ascensor con los puños.

—¿Anda alguien por ahí? —gritó. Cuando nadie respondió, repitió: —Me voy a morir aquí esta noche.

—Nadie se va a morir, Manuel. Por favor, cálmate. Me quedaré a tu lado. No te preocupes, amigo. No dejaré que te pase nada. Pediré ayuda.

Después de presionar el botón de emergencia, agregué: —¿Ves? La ayuda ya está en camino.

Manuel estaba sentado en el suelo del pequeño ascensor, sudando profusamente. Parecía aterrorizado y, a medida que pasaban los minutos, se impacientaba más.

—Nunca van a venir. ¡Lo sé! —gritó.

Me senté a su lado en el suelo y le agarré las manos. Estaban húmedas, al igual que su piel. Con voz tranquila, le dije:

—Necesito que respires hondo y vayas a un lugar agradable en tu mente. Piensa que estás en Varadero con tu familia.

Me ignoró.

—Vamos, Manuel. Sería mejor que me escucharas. Confías en mí, ¿verdad?

Él asintió vacilante.

—Ahora, respira hondo.

Inhaló.

—Muy bien. Eso es muy bueno. Tengo un poco de agua en mi bolso y un pedazo de cartón. Primero beberás un poco de agua y luego te abanicaré para que te sientas mejor.

El ascensor

Él asintió, pero aún podía ver miedo en sus ojos. Saqué la única botella de agua que me quedaba y se la entregué. Tomó un sorbo. No sabía cuánto tiempo estaríamos atrapados aquí, así que esperaba que el agua nos durara. Lo abaniqué con el cartón hasta que me hizo señas para que me detuviera.

—Ahora, háblame de tu mujer y de tus hijos —le dije.

—Bueno, ya te hablé de mi esposa. Espero salir de aquí con vida para decirle cuánta razón tenía.

—¿Y tus hijos?

—Bueno, hace mucho tiempo que no son niños. Ellos ya tienen hijos.

—Entonces, ¿eres abuelo?

—Sí, pero no los he visto más que en fotos.

—¿Por qué?

—Sé lo que estás haciendo. Estás tratando de mantenerme ocupado para que no piense en lo que está pasando. Hace un calor aquí insoportable. ¿No te parece?

—Sigamos hablando, Manuel. ¿Por qué no has visto a tus nietos?

—Están en los Estados Unidos. Mis hijos salieron de Cuba en balsas en 1993.

—Ay—dije— y me quedé callada, pensando en los hijos de Alfredo. También pensé en Laura y Berta y sus hijos, quienes ahora tenían sus propias familias. Pensé en los otros miembros de la familia que se habían ido.

—¿Usted también tiene familia en los Estados Unidos? —Me preguntó.

—Demasiados—respondí pensativa.

146

El ascensor

Permanecimos en silencio durante un rato.

—Milagros, seré honesto contigo—dijo Manuel—. No me siento nada bien. Estoy un poco mareado.

—Te daré más agua —respondí, consultando mi reloj—. Le di la botella y él tomó otro sorbo. Luego, saqué un pañuelo de mi bolso, le eché un poco de agua y le refresqué la frente, pero se veía muy pálido.

—Escucha. ¿Por qué no te acuestas en el suelo? Te levantaré las piernas para aumentar el flujo sanguíneo a tu cerebro.

—¿Cómo sabes tanto? —preguntó.

—Yo cuidé a mis padres hasta el fin de sus días.

Manuel obedeció. Después de un rato, dijo:

—Ahora me siento mejor.

Entonces se sentó a mi lado.

Mientras esperábamos, traté de mantener a Manuel distraído, pero me quedaba sin cosas que decir. De vez en cuando, consultaba mi reloj, pero el tiempo parecía pasar más lentamente que antes.

Finalmente, escuchamos un ruido afuera. Había pasado una hora desde que empujé el botón de emergencia.

—¡Hola! —gritó Manuel—. ¡Estamos aquí! ¿Me oyen?

—¡Sí! Aléjese de la puerta y párese en el lado opuesto. La ayuda está en camino.

Por fin, la puerta del ascensor se abrió y nos dejaron salir. Manuel me abrazó y me dio las gracias. Se negó a esperar a que arreglaran el ascensor, así que ambos bajamos por las escaleras hasta el primer piso.

El ascensor

—No voy a regresar—me dijo una vez que estuvimos afuera—. Estar atrapado en ese ascensor me permitió pensar. Quiero pasar todo el tiempo que tenga con mi esposa. Ella tiene razón. Debería retirarme. Mis hijos nos ayudan con la comida. No necesitamos mucho para vivir.

—Bueno, extrañaré verte todos los días. Ha sido un placer conocerte.

—¿Por qué no nos vienes a visitar a mi esposa y a mí? Nos agradaría mucho.

Manuel me dio su dirección y la anoté en la cartulina que usé para abanicarlo. Yo también le di la mía.

—Me salvaste la vida esta noche—me dijo—. Y nunca lo olvidaré. Eres una buena mujer.

—Fue un placer. ¿Y usted se va a casa a pie?

—Sí, como hago todas las noches. No está tan mal. Unos treinta minutos.

—Te llevaría en mi bicicleta si pudiera.

—No te preocupes, mujer. Estoy acostumbrado a caminar. Bueno, buenas noches.

—Buenas noches, Manuel.

Sonreí; volví a entrar para ponerme mi atuendo de viaje. Luego regresé a casa en bicicleta.

Capítulo 31

Mi primer intento

Unos meses después de que Alfredo llegara a Miami, me llamó y me dijo que él y su esposa estaban separados. Se mudaría a Tampa, Florida, con nuestra prima Laura, la hija mayor de Angelita, cuyo esposo había muerto en 1997. Alfredo me explicó, durante conversaciones telefónicas, que Tampa era una ciudad tranquila y bella, estrechamente ligada a la historia de Cuba. Su Parque José Martí, un pedacito de suelo cubano en Ybor City, honraba al apóstol y poeta cubano que luchó por la independencia de Cuba de España. Ybor City aún preservaba varios edificios de ladrillo rojo que, en su día, albergaron las fábricas de tabaco donde trabajaron inmigrantes de España, Cuba e Italia.

Dicen que todo tiene razón de ser y tal vez hubo una razón por la que los planetas se alinearon para que Alfredo se mudara a Tampa cuando lo hizo. En el año 2000, poco después de que Alfredo se mudara con Laura, los médicos le comunicaron a Laura que tenía cáncer y le dieron seis meses de vida. Para entonces, Alfredo ya había aprendido a conducir, pero Laura nunca lo logró. Por lo tanto, él la llevaba a sus frecuentes citas médicas cuando sus hijos adultos no podían debido a sus trabajos.

149

Mi primer intento

Como recordarán, Laura era una de las sobrinas favoritas de mi madre y Alfredo y ella siempre se trataron como hermanos, con todos los altibajos que trae esta relación. A veces se peleaban entre ellos, como Alfredo y yo solíamos hacer. Alfredo la amenazaba entonces con irse. Ella decía que no le importaba. Sin embargo, de alguna manera, se reconciliaban. No podía creer que estas dos personas, ahora en sus sesenta, se hubieran vuelto de nuevo niños.

Después del diagnóstico de Laura, ella me llamó y me dijo que me enviaría una carta de invitación para que pudiera visitar a Alfredo. Esto no era tan fácil como parecía. Requirió una serie de pasos y un compromiso financiero. Entonces me di cuenta de por qué mi madre amaba tanto a Laura. Laura siempre se preocupó más por los demás que por sí misma.

La hija de Laura, Tania, trabajaba en un hospital de Tampa y no se tomó a la ligera la noticia del pronóstico de su madre. Entonces comenzó a investigar la literatura médica en busca de una solución. Encontró información sobre unas inyecciones que, según sus investigaciones, podrían ayudar a su madre. Por suerte, el médico de Laura atendió la petición de Tania. En aquel momento, no se sabía mucho sobre la rara forma de cáncer de Laura. Después de que el médico comenzó a administrarle inyecciones a Laura, ella mejoró drásticamente. Estos tratamientos le permitirían vivir durante años. Entonces me di cuenta de que Tania era tan optimista y tan renuente a rendirse como yo.

A pesar de las mejores intenciones de Laura, la carta de invitación no fue aceptada. Sin embargo,

Mi primer intento

todavía tenía la esperanza de encontrar una manera de visitarlo algún día. Al igual que Tania, no tenía planes de rendirme.

Capítulo 32

Francisco

La gente dice que, a veces, cuando una puerta se cierra, Dios abre una ventana. A finales de 2000, William me dijo que él también se iba de Cuba.

—Una vez que llegue a Miami, voy a trabajar duro para sacar a mi hija.

Me sentí entumecida y me di cuenta de que pronto me quedaría sola, salvo por una prima segunda a la que a veces visitaba.

Dos semanas después de despedirme de William, mi vida se volvió obsoleta. Mi sobrina (la hija de William) tenía a su madre y a su padrastro, así que no me quedaba nadie por quien preocuparme ni por quien trabajar. ¿Qué sentido tenía trabajar tan duro? Pero aun así, debía mantenerme ocupada.

Durante los siguientes meses, traté de desarrollar una nueva rutina. Me sentaba en un banco de un parque para hablar con extraños. A veces, caminaba hasta el Malecón de La Habana y contemplaba las aguas del mar Caribe estrellándose contra las rocas. También miraba a la gente que se paseaba frente al muro del Malecón para respirar el aroma del mar. Sin embargo, incluso entre las grandes multitudes, me sentía sola.

Francisco

Por suerte, otras personas llegaron a mi vida para hacerla un poco menos ordinaria. Una de esas personas fue Francisco, a quien no voy a juzgar. Sin embargo, si mi madre hubiera estado viva, habría tenido serias reservas sobre su persona y no me habría permitido ser su amiga.

Les contaré cómo nos conocimos. En 2002, mientras almorzaba en el *Hotel Dos Mundos*, se me acercó un señor elegante y anciano, con tantos apellidos que no recuerdo, y me pidió una canción. Depositó un euro en mi frasco y se quedó junto al piano de cola, mirándome. Mientras tocaba, casualmente me fijé en su camisa blanca de aspecto caro y olí su colonia.

Aplaudió alegremente cuando terminé.

—¡Eres magnífica! Me sorprende cómo puedes hacer que este piano cobre vida. Eres tan talentosa que haces vibrar cada fibra de mi cuerpo con tu música.

Mi rostro se enrojeció. Hasta hoy, los comentarios halagadores me ponen nerviosa. No creo que me los merezca.

Sin embargo, a partir de ese día, Francisco y yo nos hicimos amigos. Venía a verme tocar y me daba excelentes propinas.

Un día me visitó en mi apartamento en Centro Habana.

—Quiero que me enseñes a tocar una canción romántica para mi novia—me dijo.

—¿Dónde vive tu novia?

—Aquí mismo, en La Habana. Es joven, ¿sabes?

—¿Cuántos años tiene, si se me permite preguntarle?

153

Francisco

—Si te lo digo, me llamarás un viejo descarado.

Nos sentamos en los sillones de la sala, uno frente al otro. Cuando no le respondí, Francisco agregó: —Ella es mucho más joven, así que me da vergüenza decírtelo. Tengo setenta años, pero estoy cansado de estar solo.

—Vamos. Puede decírmelo. ¿Cuántos años tiene?

—Diecisiete años—respondió.

Permanecí en silencio y me costó ocultar mi estado de shock.

—Sé lo que piensas. Podría ser mi nieta, pero me hace sentir vivo. Cada vez que la miro, Cuba, España y África cobran vida en sus grandes ojos marrones. ¿Sabes? Debido a mi profesión, he tenido muchas mujeres, pero nunca me he conformado con una sola.

—¿Cuál es su profesión?

—Ya no lo hago, pero fui un torero popular en Santander.

—¿Un torero? Es la primera vez que conozco a uno. Suena aterrador.

—Lo sé. Cualquiera de esos encuentros podría haber acabado con mi vida. Pero yo era pobre. Mi boleto a la fama y la fortuna fue convertirme en torero. Deberías haber visto mis trajes elaborados. A las mujeres les encantaban y yo las amaba, pero tenía una debilidad.

—¿A qué se refiere?

—Me gustan las mujeres jóvenes. Si tenían dieciocho años, ya eran demasiado viejas para mí.

Francisco

Había oído hablar de hombres como estos, pero nunca había conocido a uno. Me imaginaba todos los adjetivos que mi madre le habría puesto.

—Francisco, nunca hubiera pensado que usted fuera un hombre de muchas mujeres y menos aún, tan jóvenes. Entonces, ¿qué hace ahora? ¿Está jubilado?

—¿Jubilado? No. ¡Nunca! Soy un pintor muy talentoso. Puedo replicar las obras de los más grandes pintores, como Leonardo da Vinci, Claude Monet y Sandro Botticelli.

—Ya veo. Por lo tanto, usted es un hombre que busca constantemente el peligro. ¿No puede eso meterlo en problemas?

Francisco se meció repetidamente en la silla antes de responder: —Lo que mis clientes hagan con mi trabajo es su problema.

—¿No cree que podrían hacerlos pasar por los originales?

—Mi trabajo es tan bueno que tal vez sea posible. Pero, de nuevo, hago lo que me piden.

—La verdad es que usted es una persona interesante—le respondí—. Pero ¿dónde están mis modales? No le he ofrecido café.

—No quiero más. Solo puedo beberme una de esas tazas diminutas al día. Vine aquí para aprender a tocar una canción de amor para mi novia. Eso es todo.

Sonreí, pensando en la única vez que estuve enamorada.

—Veo que usted es un hombre con una misión. Vamos a mi viejo piano y le mostraré cómo tocar una canción.

Francisco

Aquella tarde soleada, mientras mis ventanas abiertas invitaban a que entrara la luz del sol, le mostré a Francisco cómo tocar una canción de amor para su amada Idalia. Practicó repetidamente hasta que lo tocó a la perfección. Antes de que se fuera, me negué a aceptar los 20 dólares que quería pagarme, así que fue a una tienda para turistas y me compró comestibles: leche y chocolate en polvo, arroz, frijoles y algunos filetes. No pude rechazar su atento regalo, así que me ofrecí a prepararle la cena.

—Voy a llevar a mi novia a cenar esta noche— respondió.

—Pero por supuesto. ¿En qué estaba pensando? Bueno, gracias por traerme esta compra. Ha sido muy amable por su parte.

Francisco se despidió y se fue. A la semana siguiente, regresó y me trajo un frasco de perfume. Me dijo cuánto le había gustado a su novia la canción que le había tocado. Entonces, me sorprendió.

—He tomado una decisión—dijo.

—¿Qué decisión?

—Me voy a casar con ella. Quiero que seas la madrina.

—Francisco, ¿no es demasiado apresurado? ¿Cuánto tiempo hace que la conoce? Esto no es asunto mío, pero lo considero un amigo.

—Tres felices meses. Pero no trates de persuadirme para que cambie de idea. Mi decisión está hecha. ¿No te das cuenta? No me quedan muchos años y quiero estar feliz durante el tiempo que me quede.

—¿Cómo sabe cuántos años le quedan por vivir?

—Un hombre lo sabe. No me cuido la boca y disfruto demasiado de la vida. Ya sabes lo que dicen.

Francisco

Todos los excesos son malos. Mi forma de vivir me ha quitado unos años de encima. Entonces, dime, ¿serás nuestra madrina? Nos gustaría mucho.

—Por supuesto. Será un placer.

En otras circunstancias, no me habría hecho amiga de alguien como Francisco, pero dicen que los mendigos no eligen. En los días y semanas que siguieron a la boda, Francisco me visitó a menudo. Me llevó a almorzar y me trajo regalos. La mayoría de las personas en mi posición se habrían aprovechado de alguien como él y le habrían pedido productos caros. Acepté lo que me dio y me di cuenta de que necesitaba mi compañía tanto como yo necesitaba sus regalos, especialmente las comidas en algunos de los mejores restaurantes de La Habana.

Capítulo 33

La boda

Cuando Francisco me habló por primera vez de la boda, imaginé que se llevaría a cabo en el *Palacio de los Matrimonios*, un edificio de tres pisos, ornamentado, al otro lado del Paseo del Prado, y uno de los lugares favoritos de las parejas en La Habana. El *Paseo del Prado* alberga preciosos árboles, jardines y estatuas. Divide La Habana Vieja y Centro Habana y está bordeado por edificios icónicos como *El Gran Teatro de La Habana*. Pensé que asistir a esta boda sería mi manera de vivir vicariamente, a través de Francisco y su novia, la boda que Adán y yo nunca podríamos tener.

Pero no consideré que Francisco y su esposa solo podían casarse ante un notario internacional, dado que él era español.

La boda se celebraría en una notaría, frente a Coppelia, la heladería a la que Adam me llevaba.

Aquella mañana, Francisco llegó a mi apartamento a las nueve y trajo consigo su traje de novio en una bolsa. La felicidad brotaba de él, haciéndole parecer un hombre mucho más joven. Pasamos toda la mañana juntos, hablando de nuestras vidas, y luego me llevó al *Hotel Habana Libre* para almorzar.

—¿Está nervioso? —Le pregunté antes de darle un mordisco a mi sándwich.

158

La boda

—Es mi primera boda, así que tal vez debería estarlo, pero no lo estoy.

—¿Está seguro de que esto es una buena idea? A los diecisiete años, yo no sabía lo que quería.

—Puede que mi novia no sepa lo que quiere, pero yo sí. Como te expliqué antes, me gustan las mujeres jóvenes. Una vez que cumplen dieciocho años, son demasiado viejas para mí.

—¡Francisco! Respondí elevando mis cejas.

—No me juzgues. Nunca hice nada sin consentimiento. ¿Crees que quería terminar tras las rejas? En este caso, la familia de Idalia está de acuerdo con este matrimonio. Reconocen que será bueno para ellos, especialmente ahora que el padre de Idalia murió.

Yo le habría dicho: —Pero eso no justifica tus elecciones.

Sin embargo, eso no habría cambiado nada.

***

Aproximadamente una hora antes de la boda, Francisco y yo caminamos desde mi apartamento hasta la parada del autobús, a tres kilómetros de distancia. Francisco llevaba un pantalón blanco, una camisa blanca y un lacito azul en el cuello de la camisa. Llevaba su chaqueta blanca dentro de una bolsa de plástico doblada sobre el brazo.

Era una agradable tarde de abril. Mientras caminábamos desde la avenida Zanja hasta el bulevar San Rafael, Francisco me preguntó por los edificios y los vecindarios que vimos a lo largo del trayecto. En Zanja se encontraba el *Barrio Chino*. Pasamos por edificios en varias etapas de deterioro, muchos de ellos mohosos y sin pintar. Pocas personas caminaban por las aceras. La mayoría prefería caminar por la calle, compitiendo con motocicletas, bicicletas y los pocos autos que circulaban. Todo cambió después de que giramos hacia el bulevar San Rafael, donde la ciudad estalló con restaurantes, tiendas, cafés y gente que caminaba en ambas direcciones.

Por suerte, no tuvimos que esperar mucho al autobús que nos llevaría a la notaría en el Vedado. Cuando llegamos, Idalia y su familia ya se encontraban allí. Me sentí incómoda cuando todos los ojos se centraron en nosotros, pero Francisco me presentó rápidamente a la familia inmediata de la novia.

—¡Milagros! —gritó una mujer entre la multitud—. Miré en la dirección de la voz. ¡Ese rostro me resultaba familiar! Era la encargada de la cafetería del Ministerio del Interior, quien me daba un poco más de comida.

—¿Qué haces aquí? —Me preguntó.

—¿Regla? Dios mío, apenas te reconocí con ese hermoso vestido azul.

Nos abrazamos e intercambiamos besos en la mejilla.

—Vine a acompañar a Francisco. Me pidió que fuera la madrina. ¿Eres pariente de la novia?

—¡Sí, ella es mi nieta!

—¿La de las fotos que me mostrabas?

—¡Sí! Déjame presentártela. ¡Idalia, ven aquí!

La multitud despejó el camino para que Idalia se acercara a mí. Comprendí por qué Francisco se había enamorado de ella. Su tez de color chocolate

La boda

claro, su cuerpo delgado pero bien formado, sus gestos refinados y ojos almendrados la hacían parecerse a una princesa africana.

—Me llamo Milagros —le dije—. ¡Dios mío! Francisco dijo que eras hermosa, pero eres aún más asombrosa de lo que imaginaba.

Sus labios llenos de color coral esbozaron una sonrisa que iluminó la habitación.

—A Francisco le encanta exagerar—dijo con una voz suave que sonaba casi musical.

—¡Esta es la pianista de la que te hablé! —Dijo Francisco—. ¿Y ves, Milagros? No mentía cuando te dije lo hermosa que era Idalia.

Idalia jugaba nerviosamente con sus largos rizos negros, que caían como serpentinas sobre su pecho.

—No, no lo estaba.

—¡Señores! —Dijo Regla—. Es hora de comenzar la ceremonia. Tenemos muchos huéspedes esperando en *La Maison*. Pueden hablar de todo lo que quieran durante la recepción.

—La jefa ha hablado—dijo Francisco.

Momentos después, comenzó la ceremonia. Me paré cerca de Francisco y no pude apartar la mirada de la pareja. Aunque estaba en forma, la diferencia de edad era muy notable. No dejaba de pensar en la situación desesperada en la que podría estar esta familia y que los obligaría a permitir una boda así.

Los ojos de Francisco permanecieron fijos en su novia durante la mayor parte del tiempo. Por otro lado, ella dedicó la mayor parte de su atención a su madre y a su abuela. Las pocas veces que lo miraba, apartaba la vista rápidamente, concentrándola en el piso de baldosas. Su mirada cautelosa revelaba sus largas pestañas y el delicado color plateado de sus párpados.

Cuando el notario anunció:

—Puede besar a la novia—sentí un nudo en el estómago. Francisco agarró a su novia por la delgada cintura y le dio un beso largo y apasionado. Pude darme cuenta de la incomodidad de la novia cuando uno de sus brazos se quedó a su lado, mientras el otro se aferraba al hombro de Francisco como si fuera un bastón. Todos los vitorearon y los felicitaron. Luego, el fotógrafo tomó algunas fotos para conmemorar la ocasión y Regla anunció que era hora de la recepción.

Francisco no escatimó en gastos. La recepción se llevó a cabo en *La Maison*, una mansión de lujo construida en 1946. Sus propietarios originales se fueron de Cuba tras el ascenso de Castro al poder, por lo que la mansión se convirtió en una casa de huéspedes. Luego, en la década de 1990, se convirtió en la casa de la moda. La mansión contaba con salones de eventos, un piano bar, una cafetería, boutiques y un área de piscina con un escenario donde se realizaban eventos nocturnos de moda.

La recepción de la boda tuvo lugar en el interior, cerca del piano bar. Asistieron unas cincuenta personas, en su mayoría familiares y amigos de la novia.

Francisco había invitado a un cantante que a veces actuaba conmigo en el hotel, así que después de que todos disfrutaran de una sabrosa comida de arroz amarillo con pollo mojadito, ensalada fresca y vino blanco, seguida de un delicioso trozo de cake, Francisco se levantó para hacer un anuncio.

La boda

—Damas y caballeros—dijo—. Este es un día extraordinario para mí. Los días especiales se vuelven aún más singulares gracias a la presencia de personas extraordinarias. Así que ahora invito a mi querida amiga y notable pianista Milagros y al magnífico cantante Antonio, para que nos deleiten con su música.

No me lo esperaba, pero me levanté tímidamente y me acerqué al piano, seguida de Antonio. Mientras yo tocaba unos boleros, Francisco e Idalia bailaban, rodeados de una docena de parejas.

Después de la recepción, Regla tomó el micrófono.

—Me gustaría agradecer a todos por acompañarnos en este día excepcional. Los novios se dirigirán ahora a su hotel y mañana, a primera hora, viajarán a la playa de Varadero, donde pasarán siete felices días de luna de miel.

Más tarde, mientras caminaba de regreso a casa, me pregunté cuánto tiempo duraría esta unión. Me pregunté si volvería a ver a Francisco.

Capítulo 34

Familia

¿Qué es la familia? ¿Son solo aquellos que tienen nuestra sangre? Seguía haciéndome esas preguntas después de conocer a Francisco. Francamente, pensé que no lo volvería a ver. Pero me equivoqué.

Tres días después de que comenzó su luna de miel, vino a verme.

Cuando abrí la puerta, le pregunté:

—¿Qué hace aquí?

Me había dicho que tenía una reservación de siete días en un hotel en la playa de Varadero.

—¿Puedo entrar? —respondió, quitándose el sombrero blanco antes de entrar en mi apartamento.

—Sí, por supuesto. ¡Me está asustando!

Nos sentamos en sillones, uno frente al otro. Le ofrecí café, pero, una vez más, lo rechazó.

—Me dirás: 'Te lo dije'—dijo con calma.

—¿Qué pasó?

—Idalia se puso a llorar después de dos días en la playa de Varadero. Dijo que extrañaba a su familia, así que tuvimos que acortar nuestra luna de miel.

Me quedé callada. ¿Por qué tirar un cubo de agua sobre una calle mojada?

—No sé en qué estaba pensando. Mi objetivo es llevármela a España. ¿Y entonces qué? No puedo regresar a Cuba cada vez que extraño a mi familia. ¿Qué harías tú?

—Es difícil para mí opinar, pero creo que usted debería darle tiempo a Idalia. Muéstrele su amabilidad. Puede que no lo ame ahora, pero si ve que la trata a ella y a su familia con ese amor verdadero que dice sentir por ella, podría cambiar de opinión.

Yo no creía mis propias palabras, pero Francisco acudió a mí como amigo para encontrar una pizca de esperanza, aunque él también se diera cuenta de que su matrimonio no duraría.

Al día siguiente, me invitó a almorzar. Me sorprendió cuando llegó a mi apartamento con su joven esposa y dos de sus amigas adolescentes.

Más tarde, mientras caminábamos por la calle hacia el bulevar San Rafael, Idalia y sus amigas se quedaron unos metros por delante de nosotros, y Francisco y yo las seguíamos como dos adultos supervisores.

—¿Puedes creer esto? No me respeta. Ahí está ella, caminando con sus amigas mientras yo estoy aquí solo. Por el amor de Dios, actúas más como mi mujer que ella misma.

Inhalé mientras miraba a una joven pareja que pasaba.

—Odio ser tan directa, pero ¿qué esperabas? Sé cuánto la amas, pero es una niña. ¿Creíste que se casó contigo por amor?

—Sé que no. No soy tan ingenuo, pero me gusta recibir lo que pagué. Ella me debe el respeto que me merezco. Permitirme desflorarla era solo una parte del trato.

Familia

Sus palabras me enfermaron. Quería darle la espalda en ese mismo momento. Pero no lo hice. Tal vez Dios me había puesto aquí por una razón. No sabía por qué Dios cruzó mi mente en este día, cuando no había sucedido desde hacía años. Mi madre creía en él, me bautizó y me llevó a la iglesia hasta después de mi confirmación. Sin embargo, después de que Castro llegó al poder, creer en Dios estaba mal visto, así que dejamos de ir a la iglesia. Ahora, sentí que necesitaba su guía.

—Francisco, no puedes ver esta relación como una transacción comercial. Alguna vez fuiste pobre e hiciste lo que pudiste para escapar de esa situación. Deberías sentir compasión por esta familia.

Me miró fijamente durante un momento. Me pregunté qué estaría pensando. ¿Estaba enojado conmigo?

—Por eso valoro tu amistad—dijo—. Me haces una mejor persona. Debo parecer un monstruo ante tus ojos, pero me siento tan solo. Todo ese dinero para terminar solo.

Sentí que era sincero, pero parecía tan derrotado.

—¿Ha pensado usted en mostrarle su lado vulnerable? Ella necesita verlo como un ser humano, no como una cuenta bancaria.

Permaneció en silencio por un momento. Luego dijo: —Sigo hablando de mí mismo y de mis problemas, pero tú tienes más problemas que yo. ¿Ha tenido noticias de su familia en los Estados Unidos?

Su pregunta me hizo sonreír.

Familia

—Mi hermano se ha convertido en el hermano que siempre quise—dije, pensando en lo mucho que deseaba ver a mi hermano—. Me llama al menos dos veces al mes y siempre se preocupa por mi bienestar. Encontró un trabajo limpiando pisos en un gran hospital de Tampa. Utiliza un equipo especial para limpiar y le gusta estar allí. Todavía vive con nuestra prima Laura, pero ella lo está ayudando a encontrar un apartamento para personas de bajos ingresos. Ya sabe, en caso de que ella muera. Todavía está luchando contra el cáncer. Mi hermano está entusiasmado con la posibilidad de vivir solo. Cree que tal vez yo pueda visitarlo algún día. Es triste que nos haya llevado tanto tiempo de estar separados para darnos cuenta de lo afortunados que éramos de tenernos el uno al otro.

Parecía estar analizando lo que yo decía.

—Tengo suerte de tenerte como amiga—respondió y continuamos nuestro paseo hacia el restaurante.

Capítulo 35

Madrina

F rancisco tardó seis meses en obtener el permiso para que Idalia se fuera. Durante este tiempo, a petición suya, lo acompañé a varias entrevistas destinadas a determinar si él e Idalia tenían otras razones que no fueran el amor para casarse. La diferencia de edad, por sí sola, habría sido motivo suficiente para negarlo, pero Francisco fue implacable. Aun así, el resultado favorable me hizo preguntarme si habría sobornado a sus interrogadores. Una vez que se hicieron los arreglos del vuelo, la emoción de Francisco se hizo notar. Incluso me invitó a almorzar en el *Hotel Habana Libre* para celebrar.

Días después, cuando Francisco e Idalia estaban listos para irse de Cuba, los acompañé a ellos y a Regla al Aeropuerto José Martí. El resto de la familia se había despedido antes de que Idalia saliera de casa esa mañana. Regla me dijo que la madre de la niña quería venir, pero que después de perder a su esposo, sería demasiado difícil ver partir a su única hija.

—Está bajo tratamiento psiquiátrico—me dijo Regla en voz baja, en referencia a la madre de Idalia.

Madrina

Pero no pude dedicar mucho tiempo a pensar en lo que Regla me había dicho porque Francisco se desbordaba de alegría.

—Te va a encantar España—le dijo Francisco a Idalia con emoción. La joven sonrió tímidamente. Parecía nerviosa. Solo podía imaginar lo que sentía. Dejar atrás a todos sus seres queridos para ir a un nuevo país fue la decisión más difícil de su vida.

—Francisco, por favor, cuida a mi niña—le dijo Regla—. Me moriría si le pasara algo.

—Vivirá como una reina—respondió él—. Se lo prometo.

Ese día, Idalia lucía un vestido largo y colorido de verano y un par de sandalias blancas. Su cabello largo y rizado estaba recogido en un rabo de mula, lo que hacía que sus delicados rasgos fueran más evidentes. Mientras besaba a su abuela en la mejilla, derramó algunas lágrimas.

—Te extrañaré mucho, Abuela. Dile a Mamá que no esté triste. En unos meses, podré visitarlas.

Francisco me miró cuando dijo esto. Yo le había dicho que esto sucedería. No podría separar a esta joven de sus seres queridos y esperar que no quisiera regresar.

—Bueno, es hora de irnos—dijo Francisco.

Nos dio a Regla y a mí un rápido abrazo y agarró la mano bien cuidada de Idalia.

Mientras la pareja se alejaba, Idalia nos miró por última vez y le lanzó un beso a su abuela. Para entonces, Regla estaba inconsolable, así que le di un largo abrazo.

—Me siento muy culpable—dijo Regla—. Mi niña está haciendo esto por nosotros.

Madrina

Me sorprendió escucharla decir esto, a pesar de que lo sabía desde el principio.

Me preguntaba si volvería a ver a Idalia y a Francisco, pero, aunque no fuera así, me alegraba haberlos conocido. Añadieron color a mi vida cuando más lo necesitaba. Después de que la pareja se fue, regresé a mi vida anterior. Alfredo a menudo me llamaba para contarme sobre la vida en los Estados Unidos. Le encantaba Tampa, Florida. Pero de vez en cuando, iba en su automóvil a Miami para ver a sus hijos.

Así que seguí trabajando en el *Hotel Dos Mundos* y saliendo con amigos lo más que pude. Durante tres años no supe nada de Francisco. Entonces, un día, en 2005, eso cambió. Estaba tan absorta en mis pensamientos que ignoré al señor mayor que empujaba un cochecito. Llevaba a dos bebés idénticos y a una mujer mucho más joven que él a su lado. Entonces, me llamó por mi nombre.

—¡Milagros! No has cambiado ni un ápice desde la última vez que te vimos —dijo, de pie junto al piano.

Me levanté feliz de mi banco y abracé a cada uno de ellos. No podía creer lo que veía.

—¡Pero no puede ser! ¿Y quiénes son esos adorables bebés?

—¡Son mis hijos gemelos! —Dijo con orgullo mientras Idalia se reía.

—Francisco, nunca dejas de sorprenderme. ¡Son adorables! Y tú, Idalia, no has ganado ni siquiera un gramo de peso.

—Subí unos cuantos kilos—respondió ella.

—Pero los escondes bien. Entonces, ¿qué hacen en Cuba?

—Quería visitar a mi familia—respondió Idalia, con un aspecto mucho más asertivo que la última vez que la vi—. Y también queríamos bautizar a nuestros gemelos, Odilio y Fernando, aquí en Cuba.

—Y ahí es donde entras tú—agregó Francisco, feliz.

—¿Yo? ¡No soy sacerdote!

—No, pero queremos que seas la madrina de uno de nuestros hijos.

Yo estaba en estado de shock. ¿Qué podría hacer por sus hijos cuando vivíamos separados por un vasto océano?

—¿Está seguro de que quiere que *sea* la madrina?

—Claro que sí, mujer—dijo Francisco—. Has sido como una hermana para mí.

—Francisco, me honra con sus palabras. Cumpliré ese papel con mucho gusto.

La pareja se sentó a verme tocar un par de canciones. Luego, tuvieron que despedirse porque necesitaban regresar a su hotel para alimentar a los bebés. Acordamos mantenernos en contacto hasta el día del bautismo.

Después de que se fueron, volví a tocar el piano, radiante de felicidad. Dios me había quitado todo, pero me había dado esta familia. Aun así, extrañaba terriblemente a mi hermano y la alegría de la pareja me recordaba lo que no tenía. También me recordó a Adam. Era el año 2005 y aún conservaba su foto. Por tonta que les parezca, lo miraba de vez en cuando y pensaba en el dichoso tiempo que había pasado con él. Sabía que nunca lo volvería a ver. Sin embargo, nadie pudo quitarnos los recuerdos de los momentos felices que vivimos juntos ni las experiencias que mi familia y yo compartimos.

Capítulo 36

Propósito

Después del hermoso bautismo de Odilio y Fernando en la *Iglesia del Sagrado Corazón*, una iglesia construida en 1923 en estilo arquitectónico neogótico, Francisco y su familia regresaron a España, pero prometieron visitar Cuba al menos cada dos años para que la familia pudiera estar más cerca de los niños.

Me alegré por Idalia y su familia y esperaba que mis conversaciones con Francisco lo hubieran llevado a ser un mejor esposo. Aquella experiencia me cambió de una manera que no esperaba. Me di cuenta de que, aunque estaba sola, no tenía por qué sentirme así. Solo necesitaba encontrar mi propósito.

Tocar el piano era una de las razones de mi existencia. Hacía felices a los demás o les ayudaba a recordar los buenos momentos con un ser querido. También hacía las vacaciones de los turistas un poco más especiales. Al menos, eso parecía cuando los veía bailar de manera descoordinada al ritmo de 'Son de la Loma', una querida canción cubana de medio tiempo. Pero debo contarles la historia de esa canción porque ilustra cómo, si uno está atento a las señales, lo que estamos destinados a hacer se nos revela. El compositor de esta canción, el respetado Miguel Matamoros, nació en Santiago

173

de Cuba, en la parte oriental de la isla. Un día, estaba actuando en un hospital de la *Colonia Española* de Santiago cuando una niña le preguntó a su madre: —¿Estos cantantes son de La Habana? La madre respondió: —No, son de aquí, de las lomas de Santiago.

Aquella noche, Matamoros terminó la letra de la canción que haría historia. El título original de la canción era *«Mamá, son de la Loma»*. El Trío Matamoros la grabó en Nueva Jersey en mayo de 1928, bajo el título de "Son de la Loma", una de las canciones cubanas más conocidas.

Quería seguir descubriendo mis otros propósitos en la vida y dejar mi huella, tal como lo hizo Matamoros.

La siguiente persona a la que pude ayudar fue mi hermano. Cuanto más hablaba con Alfredo, más me daba cuenta de lo mucho que me necesitaba. De alguna manera, yo había ocupado el lugar de mis padres. Me hablaba de su trabajo, de la mujer con la que había salido durante un tiempo, hasta que se dio cuenta de que prefería estar solo y de sus planes de quedarse en Tampa.

—¿Por qué no te mudas a Miami con tus hijos? —Le pregunté.

—Me gusta mi nuevo apartamento. Además, no quiero vivir en la casa de nadie. Aquí, lo controlo todo.

También me dijo que nuestra prima Laura necesitaba su ayuda mientras lidiaba con sus frecuentes visitas al médico.

En 2006, Alfredo me llamó de forma inesperada una tarde lluviosa.

Propósito

—¿Pensé que me ibas a llamar este sábado? —Dije cuando recogí el auricular.

—¡No podía esperar! Recibí mi ciudadanía de Estados Unidos, ¡así que ahora puedo viajar! No lloro a menudo, pero la noticia hizo que se me llenaran los ojos de lágrimas. Después de estar seis años separados, mi hermano y yo nos volvimos a ver, aunque fuera por una visita breve.

—¿Cuándo vienes?

—Tengo que pedir permiso en el trabajo y tener todo listo, así que espero poder estar allí en unas cuatro o seis semanas.

—¿Cuánto tiempo vas a estar aquí?

—Dos semanas—respondió.

Durante los días siguientes, estuve radiante de felicidad, tomando mentalmente nota de todo lo que quería hacer con mi hermano cuando llegara. Mis padres ya no estaban aquí, pero, en cierto modo, estaban en los recuerdos: en nuestra casa de Mantilla, la casa que mi padre construyó; en el estadio donde todos nos habíamos sentado juntos para ver a nuestro equipo de béisbol favorito; y en el hotel donde trabajaba mi padre. Ayudaría a mi hermano a reconectarse con su pasado y luego él entendería por qué todavía estaba aquí y por qué no podía simplemente alejarme y dejar atrás todos los recuerdos.

Estuve de tan buen humor durante los días previos a la llegada de mi hermano que empecé a salir con Julio. El hombre de complexión mediana y cabello ceniza estaba divorciado y trabajaba en el hotel. No era la primera vez que me pedía que viera una película con él, pero nunca había aceptado su invitación. Aunque yo tenía cincuenta y cinco años, temía que me volvieran a lastimar, como cuando Adam y yo tuvimos que separarnos. Por supuesto, la situación era diferente. Julio no iba a ir a ninguna parte, pero ¿y si decidiera irse? Entonces pensé que todo lo que tenía que hacer era asegurarme de no acercarme emocionalmente a nadie.

Salimos tres días en una semana. Todo fue bien. Era fácil hablar con él. Su matrimonio se había desbaratado cuando encontró a su esposa con otro hombre. Cada vez que yo salía con Julio, sentía que cumplía mi propósito: hacerlo sentir menos solo. Me pregunté por qué, entre todas las mujeres, me había elegido a mí. Yo no era nada especial. Todavía estaba tan delgada como una ramita, pero ahora tenía más arrugas.

Cuando se ofreció a acompañarme al aeropuerto el día de la llegada de mi hermano, dudé. Solo llevábamos un mes juntos y era demasiado pronto para presentárselo a la familia. Pero parecía tan emocionado como yo por la visita de Alfredo, posiblemente porque a la mayoría de la gente en Cuba le encantaba ser visitada por extranjeros. Les encantaba escuchar cómo vivían para, indirectamente, vivir a través de ellos. Después de mucho pensarlo y discutirlo con Alfredo, decidí llevarlo conmigo.

Capítulo 37

La visita de Alfredo

Hacía seis años que no veía ninguna foto de Alfredo, pero confiaba en que lo reconocería a pesar del paso del tiempo. El día de su llegada, mi novio (o, mejor dicho, mi compañero de vida), Julio y Mayda, una prima que había mencionado antes (la que estuvo atrapada en Rusia durante unas semanas después de la caída del comunismo), me acompañaron al aeropuerto.

Consideré usar un vestido bonito para darle la bienvenida a mi hermano, pero no quería sentirme incómoda, así que elegí un par de pantalones blancos y una blusa azul bordada.

—Te ves nerviosa—dijo Julio mientras estábamos parados en medio del salón de espera del aeropuerto, rodeados de otras familias. Mayda soltó una risita.

—¿Por qué dices eso? —pregunté.

—No te has quedado quieta desde que llegamos.

—No se le puede culpar—observó Mayda—. Seis años son mucho tiempo.

Mayda lo entendía, ya que ella también había perdido a su media hermana cuando se fue de Cuba.

Permanecimos en silencio un buen rato. Cualquier otro día habría llenado el silencio con comentarios sin sentido, pero me sentía demasiado ansiosa. Por fin, a lo lejos, divisé un grupo de pasajeros con su equipaje caminando en nuestra dirección.

—Su vuelo llegó —dije mientras examinaba a cada uno de los pasajeros.

Después de que más de veinte personas pasaron junto a nosotros, me preocupé aún más.

—¿Dónde estará? Espero que no haya perdido su vuelo.

—Por supuesto que no. Ten paciencia —dijo Mayda, acomodando su largo pelo detrás de las orejas.

Mayda era bonita y menuda. Era la hija mayor de mi tío Macho, uno de los hermanos de mi madre. Macho. Así lo llamábamos todos, así que nunca supe su verdadero nombre.

Nos quedamos en silencio durante un largo rato, viendo pasar a los pasajeros. Observé a las familias a mi alrededor abrazando a sus seres queridos y llorando.

—Te extrañé tanto—le dijo una anciana a una pasajera mucho más joven. Minutos después, la voz de Mayda me sacó de mis pensamientos.

—¡Ahí está!

Ella señalaba a alguien en la multitud.

—¿Dónde? —Le pregunté.

—¡Ahí mismo! El tipo de la camisa azul y la gorra de béisbol.

—¡Ese no es mi hermano!

—¡Sí, lo es! —insistió Mayda.

¿Podría ser él? A medida que se acercaba, noté su sonrisa. Tenía razón. ¡Era él! Apenas podía

La visita de Alfredo

reconocerlo. Debía de haber subido unas cuarenta libras y se vestía mejor que los hombres de la isla.

—¡Alfredo! —Grité y corrí hacia él. Mis zapatos planos resonaban en el suelo mientras me acercaba a él. Unos pasos más y podría darle el abrazo con el que soñé. Había esperado tanto tiempo por este momento.

Cuando me vio de pie frente a él, su sonrisa se ensanchó y dejó caer su larga bolsa de lona, de estilo gusano. Nos perdimos en un cálido abrazo.

—Te he extrañado mucho—le dije.

—¡Yo también a ti! —respondió.

Esta vez supe que lo decía en serio, lo que hizo que un par de lágrimas reacias me escaparan de los ojos. Mayda y Julio se habían quedado atrás, tal vez para darme un momento a solas con mi hermano.

—¿Y esos son Mayda y tu novio Julio? —preguntó.

—¡Te acordaste del nombre de mi compañero! —observé.

—Pues claro. ¿Es una relación seria?

—Somos amigos. La soledad tiene una cara fea.

—Te entiendo. Y dime, ¿qué tienes planeado?

—Vámonos a la casa ahora para dejar tu equipaje. Después quiero que visitemos la tumba de nuestros padres en el cementerio. Mamá necesita ver que estás bien.

Frunció el ceño mientras me miraba con curiosidad.

—No me mires de esa manera. No estoy loca, pero voy al cementerio a menudo para hablar con ellos. Debe ser mi imaginación, pero siento su presencia allí más que cuando estoy en casa.

179

La visita de Alfredo

Inhaló. —Comprendo —dijo y no se rió de mí como el viejo Alfredo habría hecho, algo que me sorprendió.

—Bueno, caminemos hacia Julio y Mayda —dije—. ¿Necesitas ayuda?

—No. No te preocupes.

Mientras caminaba a mi lado, no dejaba de girar la cabeza hacia él para mirarlo. No podía creer lo mucho que había cambiado.

—Te ves bien —le dije.

Sonrió.

—Gracias. Y tú te quedaste delgada.

—No es como si tuviera otra opción.

—¡Te envié comida! —protestó.

—Lo sé. No se trata de la comida. Se trata de las colas, de las largas caminatas al trabajo y de mis preocupaciones. No me gusta depender de nadie.

—Eres mi hermana y siempre te ayudaré. No tienes que preocuparte por eso.

Ya no podíamos continuar nuestra conversación porque ahora estábamos frente a Mayda y Julio. Mayda abrazó a mi hermano y Julio le estrechó la mano felizmente.

—He oído hablar mucho de usted—le dijo Julio a Alfredo—. Tanto que casi me parece que lo conozco.

—Espero que todo haya sido bueno—respondió Alfredo y echó una carcajada mientras me miraba.

—Milagros lo quiere mucho—respondió Julio—. Solo dijo cosas buenas de usted.

—No es cierto—respondí—. También te dije que a mi hermano le encanta comer y ahora ves a lo que me refiero.

La visita de Alfredo

—¡Oye! Más respeto por tu hermano mayor. Estoy delante de ti. No puedes llamarme gordo a la cara.

—No te estoy llamando gordo. Claro que sí, si te llamara delgado, tu barriga no estaría de acuerdo.

—Ahí está la hermana que conozco. Siempre fastidiándome. Vámonos a casa y no fastidies más.

Julio se ofreció a llevar el gusano. Después de mucha insistencia, Alfredo se lo dio. Entonces, Alfredo caminó a mi lado y, de vez en cuando, me tocaba el hombro con cariño.

—Tomaremos un taxi a casa—dijo al salir del aeropuerto.

Capítulo 38

Una quincena

Una quincena. Ese era todo el tiempo que pasaría con mi hermano. Necesitaba que cada instante fuera memorable; no sabía cuánto tiempo pasaría antes de poder regresar a Cuba. Había algo sagrado en tenerlo aquí, a mi lado. Alfredo era el regalo más preciado que me dejaron mis padres. Con él, volvía a sentirme completa.

—¿Podría llevarnos al cementerio después de dejar mi equipaje en casa? —Le preguntó Alfredo al chofer mientras nos acercábamos a mi barrio.

—Será un placer —respondió Daniel, el conductor de cabello blanco.

Daniel se estacionó frente a mi edificio y Julio ayudó a Alfredo a subir la pesada maleta hasta el apartamento. Cuando bajaron, Julio dijo:

—Bueno, Milagros, debo regresar al hotel. Solo pedí unas horas para acompañarte al aeropuerto.

Alfredo observaba el intercambio entre Julio y yo, como si intentara descifrar algo que no alcanzaba a comprender.

—No te preocupes —le respondí—. Gracias por todo.

Julio me dio un beso en la mejilla y estrechó la mano de Alfredo antes de irsc. Mi hermano sostuvo su mano con firmeza más tiempo del necesario y lo miró con intensidad.

—Cuida bien a mi hermana —le dijo.

—Siempre la cuido —contestó Julio.

La tensión se disipó cuando lo vimos alejarse.

—Prima, yo también me voy —anunció Mayda—. Ya sabes lo ocupada que estoy con mis padres, el trabajo y la familia. Por eso casi no paso por aquí.

—No te preocupes. Gracias por acompañarme al aeropuerto.

—Mayda, por favor, diles a tus padres que planeo visitarlos en uno o dos días —intervino Alfredo.

—Se pondrán muy contentos —respondió ella con una sonrisa.

Cuando Mayda se marchó, Alfredo y yo subimos al taxi para dirigirnos del Centro Habana al Vedado. Mientras Daniel conducía, Alfredo comentó sobre el deterioro de la ciudad. Yo guardé silencio. Para mí, todo parecía igual, como si el tiempo se hubiera detenido el día en que él se fue.

Daniel le preguntó sobre la vida en Estados Unidos.

—Es un gran país —respondió Alfredo con entusiasmo—. Trabajas duro, pero ves los frutos de tu esfuerzo.

—Muy distinto a aquí —murmuró el conductor.

Tomamos por Belascoaín y luego giramos en Carlos III. El tráfico era ligero y pronto llegamos frente a las imponentes puertas del Cementerio de Colón. Alfredo pagó ambos trayectos y dejó una generosa propina. Daniel, complacido, le ofreció su número.

—Si alguna vez necesitas algo, llámame. Te llevo adonde quieras.

Le dimos las gracias y lo vimos partir.

—No me gustan los cementerios —confesó Alfredo—. Solo vine porque sé que es importante para ti.

—Gracias. No tienes que decir nada. Tenerte aquí es suficiente. Creo que a mamá le habría gustado vernos juntos.

Sacudió la cabeza y dejó escapar una breve risa.

—Entonces vamos.

Caminó en silencio entre los monumentos de mármol que se extendían por la vasta necrópolis. Fundado en 1876, el cementerio era un testimonio de la historia y la grandeza cultural de La Habana. Siempre me había parecido un lugar solemne y hermoso, no uno que inspirara temor.

El sol del mediodía caía con fuerza y se reflejaba en las lápidas blancas. El silencio era casi absoluto, roto apenas por el canto de los pájaros y el murmullo distante del tráfico.

Al llegar a la tumba de nuestros padres, tomé la mano de Alfredo. Pensé que la retiraría, pero no lo hizo.

—Mami, Papi, no van a creer quién vino a verlos hoy —dije con voz temblorosa—. ¡Alfredo! Miren cuánto ha cambiado.

—Quítate la gorra —le susurré—, para que te vean mejor.

Obedeció. Sus ojos se llenaron de lágrimas y apartó la mirada mientras se secaba el rostro.

Una quincena

—Está feliz, Mami. ¿Ves? No debías temer que la familia se fuera a Estados Unidos. Deberías ver las fotos del hijo de Alfredito, tu bisnieto. Es hermoso. Alfredo está orgulloso.

Hice una pausa y acomodé detrás de mi oreja un mechón que el viento había soltado.

—Laura tiene cáncer, pero está recibiendo un buen tratamiento. Ya tiene varios nietos. La familia sigue creciendo.

Guardé silencio para rendirles homenaje. Sentí la mano de Alfredo húmeda y temblorosa. Su rostro estaba enrojecido. Estar allí le dolía.

—Bueno, Mami y Papi —continué al cabo de un momento—. Ya conocen a Alfredo; siempre tiene hambre. Vamos a buscar algo de comer antes de que se desmaye. Seguiré viniendo a contarles de la familia. Los queremos mucho.

Alfredo soltó mi mano cuando nos alejamos. No habló hasta cruzar las puertas.

—¿A dónde quieres ir?

—Tú eliges —respondí con una sonrisa.

—Me hablaste del restaurante El Emperador. Vamos allí. Me alegra poder invitarte; sé que no es un lugar al que puedas venir con frecuencia.

Más tarde, sentada frente a él en el restaurante tenuemente iluminado, tuve que contener el impulso de pellizcarme. Mi hermano estaba allí, en el mismo sitio donde tantas veces había tocado el piano para turistas.

El camarero me reconoció.

—Milagros, ¿qué haces aquí como clienta?

—Mi hermano, que vive en Estados Unidos, me invitó.

—¿Tu hermano? —dijo, bajando la voz—. Es un placer conocerlo. Es usted un hombre afortunado.

—¿Por qué? —preguntó Alfredo.

—Porque vive en Estados Unidos... y porque tiene una hermana extraordinaria. Debería verla tocar el piano. Su música sale del alma.

Alfredo sonrió con orgullo.

—Soy afortunado por ambas cosas.

Avergonzada por tantos elogios, bajé la mirada.

Cuando el camarero se retiró, Alfredo me observó en silencio.

—¿Cuándo vas a dejar que te saque de aquí? —Preguntó finalmente.

Jugué con el tenedor.

—Sabes que no puedo irme.

—¿Por qué? Me gustaría tenerte cerca. Estamos envejeciendo. Nos necesitamos.

—Mi lugar está aquí —respondí con suavidad—. Con nuestros padres. Con los recuerdos.

Cerró los ojos, frustrado.

—Es una locura pensar así. Se han ido. No queda nada.

Lo miré sin decir palabra.

Suspiró.

—No vine a pelear. Disfrutemos el tiempo que tenemos.

—Gracias.

Mientras almorzábamos, una pregunta comenzó a perseguirme. Si alguna vez iba a irme de Cuba, ¿no sería ahora? Aún me quedaban años útiles, energía, posibilidades.

Una quincena

Entonces, ¿qué me detenía? ¿Qué estaba esperando?

Capítulo 39

Después de su partida

El "gusano" que Alfredo había traído desde Estados Unidos venía cargado de comida y ropa para mí. También traía una bolsa de café para cada uno de los hermanos de Mamá. Era su manera de decir: «*No los olvido, aunque el mar nos separe*».

Visitamos a los pocos parientes que aún nos quedaban en La Habana. Siempre parecían demasiado ocupados sobreviviendo como para prestarme mucha atención, pero Alfredo insistía en que ir a verlos era lo correcto.

Después de varios viajes en taxis antiguos, de esos que escupen humo y nostalgia, Alfredo dijo:

—Estoy harto de oler a gasolina. Cada vez que regreso a tu apartamento, tengo que darme una ducha fría. Huelo horrible.

—No sé de qué hablas. Yo no huelo nada.

—Claro. A ti ya se te dañó la parte del cerebro que percibe esos olores.

—¿Me estás diciendo que mi cerebro ya no sirve?

Soltó una carcajada y yo me reí con él. Reír con Alfredo era como volver a ser niña.

Un día decidimos ir a Mantilla, a la casa donde crecimos. Íbamos emocionados, como si regresáramos a un santuario intacto. Pero la realidad nos dio un golpe fuerte.

El segundo piso había desaparecido. La calle, que antes era un lodazal, ahora estaba pavimentada. Dimos la vuelta a la manzana varias veces para convencernos de que aquella estructura mutilada era realmente nuestra casa.

—¿Cómo puede ser? —murmuró Alfredo, mirando el primer piso, descascarado y húmedo. Está destruida.

Tragué saliva. No pude responderle. Sentí que algo dentro de mí también se había venido abajo.

Como si yo misma quisiera hacerme daño, llevé a Alfredo al antiguo Hotel Sierra Maestra —Río Mar antes de la Revolución—, un edificio de once pisos frente al mar Caribe, en la zona de Miramar. Allí conocí al amor de mi vida.

No se lo dije así a Alfredo, pero ese lugar no era solo un hotel para mí. Era una cápsula del tiempo. Un altar. Un pedazo de juventud enterrado bajo el concreto. Durante años, cuando me sentía triste, cerraba los ojos y me imaginaba sus pasillos limpios, el brillo de las lámparas, el olor a perfume extranjero y a brisa marina. Me imaginaba la música flotando por las paredes, como si el edificio todavía respirara.

Pensé que, aunque estuviera deteriorado, todavía quedaría algo intacto. Algo reconocible. Una esquina. Una ventana. Un pedazo de la vida que yo recordaba.

Pero la realidad no tuvo piedad.

Después de su partida

Desde lejos, el hotel parecía un gigante enfermo. La pintura estaba comida por el salitre y el abandono. Las paredes lucían manchadas como la piel vieja. Las ventanas rotas parecían ojos vacíos mirando al mar.

El estacionamiento estaba lleno de hierba alta y basura arrastrada por el viento. No había guardias. No había recepción. No había turistas. Solo silencio.

Ese silencio pesado de los lugares donde ya no se espera nada.

Alfredo caminaba a mi lado sin decir una palabra. Noté que su paso se hizo más lento cuando se dio cuenta de que yo estaba temblando. No por el calor. Por lo que estaba viendo.

Al acercarnos, el olor fue lo primero que me golpeó.

Un olor agrio a humedad, a moho, a agua estancada. El tipo de olor que se te pega a la ropa y a la memoria. El mismo olor que tienen los edificios a punto de rendirse.

El portón de entrada estaba abierto, como una boca sin dientes.

Entramos.

El lobby, que yo recordaba luminoso, ahora era una sombra. El piso estaba cubierto de polvo, pedazos de yeso, botellas vacías, papeles mojados. Las columnas tenían grietas largas, como venas rotas. Había grafitis en las paredes y manchas oscuras donde antes colgaban cuadros y adornos.

Las lámparas no estaban.

Los muebles tampoco.

El lujo había desaparecido como si nunca hubiera existido. Solo quedaban restos. Huesos.

Después de su partida

El eco de nuestros pasos rebotaba en el vacío. Cada pisada sonaba como una profanación.

Vi el lugar donde antes estaba el mostrador de recepción. Me quedé mirando ese espacio, como esperando que alguien apareciera detrás y me dijera "bienvenida", como si el hotel pudiera volver a ser hotel si yo lo deseaba lo suficiente.

Pero no.

El hotel ya no estaba vivo. Era un cuerpo sin alma.

Seguimos caminando.

Me acerqué a una pared donde quedaba un pedazo de espejo roto. En él vi mi reflejo fragmentado. Un ojo aquí. Media boca allá. Un pedazo de frente.

Pensé: *así mismo está mi país.*

Alfredo se detuvo y señaló hacia el área de las piscinas. Fuimos hacia allí. Las piscinas estaban vacías.

No vacías como cuando se limpian. Vacías como un pozo abandonado. Llenas de tierra, hojas podridas, ramas secas. El fondo estaba agrietado. Crecían hierbas donde antes brillaba el agua. Había un carrito oxidado volcado a un lado, como si alguien hubiera intentado trabajar allí hace décadas y se hubiera rendido.

Me acerqué al borde de una de las piscinas y miré hacia abajo.

Tuve una imagen súbita, clara, dolorosa: cuerpos bronceados, risas, copas, música. Turistas hablando idiomas que yo no entendía. Mujeres caminando con trajes de baño elegantes. Hombres con gafas oscuras. La vida.

Y luego, otra vez, la realidad: barro y muerte.

Después de su partida

Alfredo soltó un suspiro.

—Dios mío... —murmuró.

No era un suspiro de un turista sorprendido. Era el suspiro de alguien que reconocía la tragedia.

Caminamos hacia una de las puertas laterales. Estaba medio desprendida, colgando de una bisagra.

Dentro, los pasillos parecían la garganta de un animal herido. Había habitaciones abiertas. Algunas sin puertas. Otras con puertas arrancadas. El suelo estaba lleno de fragmentos de vidrio. El techo tenía manchas negras por filtraciones.

Escuché un ruido. Me quedé inmóvil.

Un niño pasó corriendo por el pasillo, descalzo, con un short sucio. Detrás venía una mujer flaca, cargando un cubo. Me miró como si yo fuera la intrusa.

Y lo era.

Ese hotel ya no pertenecía al pasado. Ni a los turistas. Ni a la memoria. Ahora pertenecía a la necesidad.

Alfredo se acercó a una ventana. Desde allí se veía el mar Caribe: azul, inmenso, indiferente.

El mar seguía siendo el mismo.

Como si el mundo no se enterara de nuestras ruinas.

Fue entonces cuando lo vi.

En un rincón, cerca de una escalera, había un pedazo de pared donde aún se distinguía una parte del mosaico original: azul y blanco. Era pequeño, casi insignificante, pero me paralizó.

Ese mosaico estaba allí cuando yo era joven.

Lo reconocí.

Después de su partida

Me acerqué despacio, como si temiera que desapareciera al tocarlo. Pasé los dedos por encima. Estaba frío.

Y de pronto sentí el golpe: no era el hotel lo que yo estaba tocando.

Era mi juventud.

Era el lugar donde yo fui otra. Era el lugar donde creí que la vida podía ser hermosa para siempre. Se me apretó la garganta. No pude contener las lágrimas.

Alfredo me miró.

No dijo nada al principio. Solo me observó con esa mirada que tienen los hermanos cuando entienden, aunque no hayan vivido lo mismo.

Yo me limpié el rostro con rabia, como si odiara que me vieran llorar.

Entonces Alfredo habló, sin levantar la voz:

—¿Es por esto por lo que te quedas? —preguntó—. ¿Para ver cómo todo se destruye delante de tus ojos?

Su pregunta cayó como una piedra dentro de mí. Sentí que me faltaba el aire. Porque yo sabía que no se refería solo al hotel.

Se refería a Cuba.

A la casa en Mantilla. A nuestra infancia. A nuestros muertos. A todo lo que alguna vez fue hermoso. Y que ahora era solo ruina.

Miré al suelo, incapaz de responder. Mi silencio fue la respuesta.

Alfredo dio un paso hacia mí, más suave. Me tomó la mano.

—Perdóname —dijo—. No debí decir eso.

Yo apreté sus dedos con fuerza.

—No —susurré—. Tenías razón.

Después de su partida

Y mientras caminábamos de regreso hacia la salida, el mar seguía brillando allá afuera, hermoso e intacto, como si nada.

Como si no supiera que detrás de nosotros se estaba cayendo un mundo entero.

***

Las dos semanas que pasamos juntos se evaporaron. El día en que lo despedí en el aeropuerto, sentí lo mismo que la primera vez: como si alguien arrancara una parte de mí y la subiera a un avión. Me quedé allí, mirando la pista vacía, hasta que el ruido de los motores desapareció.

No fui a trabajar durante tres días. No quería hablar con nadie.

Me senté frente al piano y toqué *Time in a Bottle* una y otra vez. Si pudiera guardar el tiempo en una botella, pensaba lo llenaría con los días junto a mi hermano. Con sus risas. Con sus bromas. Con su olor a gasolina y a otro mundo.

Pero el tiempo no se deja encerrar.

Y esta isla seguía reteniéndome como un imán invisible. Como una maldición dulce. Como un juramento que nunca hice, pero que me ata.

Mis dos perritos se sentaban a mis pies mientras tocaba. Permanecían allí, quietos, como si entendieran que algo dentro de mí se estaba rompiendo otra vez.

Después de su partida

La noche en que Alfredo se fue, antes de que se cortara la electricidad, me paré frente al espejo. Vi a una mujer de piel bronceada, con arrugas suaves alrededor de los ojos. La miré largo rato. No me reconocí.

Sabía que dentro de ella aún vivía la niña traviesa y soñadora. Pero esa niña se estaba desdibujando con los años, como huellas en la arena que el mar borra sin pedir permiso.

Y por primera vez sentí un miedo distinto. No miedo a la pobreza. No miedo al futuro. No miedo a quedarme sola.

Miedo a que, un día, cuando volviera a mirarme al espejo... esa niña ya no estuviera allí.

Capítulo 40

2013

Estaba emocionada por estar en la cabina de un avión en ruta a Tampa, Florida. Mi hermano me había hablado mucho de este lugar que había sido su hogar durante trece años. Me habló de su gran variedad de restaurantes asequibles (todavía le encantaba comer), de la arquitectura única de la Universidad de Tampa, con sus icónicos minaretes, y del histórico pueblo de Ybor City (con su popular restaurante Columbia, sus calles empedradas y los coloridos gallos y gallinas que caminan como si fueran los dueños del lugar).

—Esos pollos no habrían durado ni un día en Cuba—me dijo Alfredo durante una de nuestras conversaciones telefónicas.

Basándome en las múltiples conversaciones en la cabina, llegué a la conclusión de que el avión estaba lleno de personas como yo que visitaban a sus seres queridos. Imaginé que algunos, como la joven que vi al otro lado del pasillo limpiándose el rostro, nunca regresarían.

El ambiente dentro de la cabina era alegre y animado, aun más después del despegue del avión. Yo tenía un asiento junto a la ventana y mantuve los ojos fijos en la tierra de abajo, pero esta desapareció rápidamente. Luego, una sinfonía de tonos azules subió al escenario, seguida de esponjosas

196

nubes blancas. Me pregunté si mis padres estarían encima de estas nubes en un pedacito del cielo que los mortales no podíamos ver.

—¿Viajas sola? —Me preguntó la mujer que estaba a mi lado, distrayéndome de mis pensamientos.

Entonces me di cuenta de que era la primera vez que viajaba sola, sin mi banda ni mi madre.

—Así es—le dije.

A partir de ese momento, comencé a interrogar a la mujer, confiada en que era una persona mucho más interesante que yo. Sentía lástima por ella después de un rato, pero necesitaba matar el tiempo y dejar de pensar en mi encuentro con mi hermano y el resto de la familia. Por extraño que parezca, estaba nerviosa.

A estas alturas, nuestra familia de Tampa había perdido a uno de sus miembros más queridos, mi querida prima Laura, quien falleció en diciembre de 2011, rodeada de sus tres hijos adultos. Después de luchar contra el cáncer durante diez años, dejó de recibir las inyecciones que la mantenían con vida porque los efectos secundarios eran mucho peores que el cáncer. Ella sabía que su decisión la llevaría a una muerte segura, pero Laura estaba preparada. Yo la respetaba por eso. Le dijo a Tania, su hija mayor: —Es hora.

Laura había visto a sus tres hijos convertirse en miembros exitosos y contribuyentes de la sociedad. La mayor, Tania, trabajaba como gerente del Hospital Tampa General, uno de los más grandes de la ciudad. El hijo menor, Gustavo, era ahora un inventor y copropietario de una empresa de vidrios y

Lynette (la hija del medio) trabajaba para un extenso sistema hospitalario.

Alfredo me había dicho que cada uno de los hijos de Laura era dueño de una hermosa y bien pintada casa y que estaba libre de deudas. Después de haberlos criado sola en Cuba y luego convertirse en inmigrante, Laura sabía lo que era no tener nada. Había transmitido lecciones importantes a sus hijos.

—Vivan siempre por debajo de sus posibilidades y no tendrán que esclavizarse a las deudas. Gasten poco y concéntrense en pagar su casa.

Sus hijos la escucharon y vivieron de forma ahorrativa al principio, pero una vez que compraron sus casas, comenzaron a viajar.

Con lo nerviosa que me sentía, estaba ansiosa por reencontrarme con ellos. Pero ¿y si no les caía bien?

Nuestro avión comenzó su descenso alrededor de las 8:30 a.m. Treinta minutos después, me encontré en uno de los aeropuertos más bellos que había visto en mi vida. Era inmaculado y moderno, con varias tiendas y muchos asientos.

Estaba tan nerviosa que tuve que detenerme en el baño de las mujeres, por lo que no seguí a los pasajeros de mi vuelo. Cuando terminé en el baño, no sabía a dónde ir. Una anciana que reconocí en mi vuelo se encontraba en la misma situación que yo. Empezamos a caminar juntas hasta que encontramos a una empleada e intentamos comunicarnos con ella, pero no nos entendió. La empleada comenzó a caminar con nosotras y nos pidió que nos paráramos frente a un conjunto de puertas corredizas.

—Este es el transportador de personas—dijo. No sabía a qué se refería, pero entonces noté que un trencito se acercaba a nosotras. Cuando se abrieron las puertas, ella dijo:

—Súbanse al tren.

La entendimos cuando señaló con el dedo índice al tren.

—¿Qué está diciendo? —Me preguntaba la anciana.

—Venga conmigo.

—Pero ¿a dónde vamos? ¿Dónde nos bajaremos?

—No lo sé. No se preocupe. Lo averiguaremos juntas.

Justo antes de que se cerraran las puertas corredizas, algunos pasajeros más entraron al trencito. Estaba tan agradecida que decidí seguirlos. Después de un breve viaje, las puertas corredizas se abrieron y el grupo de pasajeros salió.

—Vamos—le dije a la anciana.

Caminamos hacia la sala de espera, detrás de los demás pasajeros. La anciana debió haber visto a su familia porque gritó:

—¡Cachita, aquí estoy!

Cuatro miembros de su familia corrieron hacia ella y la colmaron de besos.

Después de que se fueran, me quedé sola. Estaba perdida en este enorme lugar, donde pensaba que nadie me entendería si intentaba pedir ayuda. Comencé a caminar hacia las escaleras mecánicas cuando escuché una voz femenina a lo lejos.

—¡Milagros!

Vi a una mujer saludándome. Miré hacia atrás para asegurarme de que no estaba hablando con otra Milagros. Pero no. Se refería a mí.

—Soy Tania—dijo cuando estábamos frente a frente.

—Soy Milagros—dije nerviosa, pero luego me di cuenta de inmediato de que no necesitaba presentarme—. Pero ya lo sabes.

—Alfredo dijo que eras muy cómica—dijo con una sonrisa y me abrazó.

La última vez que la vi, era una niña delgada y tímida de catorce años. Ahora, era una mujer de unos cuarenta años, asertiva, bien vestida y muy acogedora.

—¡Te ves muy bien! —dijo.

—Deja de reírte de mí, Tania. Llevas demasiado tiempo con mi hermano. Soy piel y huesos; eso es todo lo que soy. Peso 107 libras.

—Eso es mejor que mis 140 libras.

Hice un gesto con la mano en señal de despedida. —Te ves muy bien—le dije. Ella me dio las gracias.

—Entonces, ¿dónde está mi hermano? — añadí.

—Dijo que te iba a buscar.

—Por supuesto. Siempre está en la *Luna de Valencia*.

Sé que esta frase no significa nada para algunos de ustedes. La Luna de Valencia es como decir en otro planeta.

Le ofrecí a Tania mis condolencias por la muerte de su madre y hablamos de la familia y de nuestro impresionante entorno. Todo se veía limpio y luminoso, con techos altos y pisos brillantes.

Incluso pude ver un restaurante desde donde estábamos paradas.

—¡Milagros! Escuché una voz masculina decir. La reconocí y miré en esa dirección. Allí estaba Alfredo, corriendo hacia mí.

—¿Dónde estabas? —Le pregunté y lo abracé.

—¡Te estaba buscando! ¿Dónde crees que estaba?

—Estaba aquí todo el tiempo, con Tania.

—No estabas aquí cuando empecé a buscarte.

—Necesitas mejores espejuelos.

Tania no dejaba de reírse al vernos discutir como niños.

—Bueno, salgamos de aquí. Tenemos mucho que hacer—dijo y agarró mi bolso.

Y no estaba bromeando. Alfredo había arreglado de antemano todas las actividades que haríamos durante el mes en que yo estaría en los Estados Unidos. Había pasado sus años de trabajo ahorrando dinero para llevarme a lugares que nunca había visto.

Mi excitante jornada por este lugar mágico, llamado los Estados Unidos, estaba a punto de comenzar.

Capítulo 41

Los Estados Unidos

Alfredo tenía un itinerario repleto de actividades porque temía que yo no pudiera regresar a los Estados Unidos. Me pregunté si esa era su manera de convencerme de que me quedara.

Después de salir del aeropuerto, fuimos directamente al cementerio para ver el lugar de descanso final de Laura. Compartía la misma parcela que su esposo, Rio. Alfredo explicó que estaban enterrados uno encima del otro para ahorrar dinero. Incluso hasta el final, Laura fue ahorrativa.

Qué diferencia entre el cementerio de Cuba y el de Tampa. El que visitamos en Tampa tenía solo un puñado de monumentos de granito de gran altura. El resto estaba en el suelo, placas de bronce sobre piezas de granito que no eran más largas que mi antebrazo, con zonas de hierba entre ellas. En el Cementerio de Colón no había áreas verdes, pero sí numerosos y elaborados monumentos conmemorativos, uno al lado de otro.

Tania permaneció en silencio mientras miraba los nombres en la placa de sus padres. Sin embargo, hablé con Laura como hacía cuando visitaba a mis padres en el Cementerio de Colón.

—Gracias por darle a mi hermano un lugar para vivir—le dije—. Lamento no haber llegado a tiempo para verte. No se lo digas a tu hermana

Los Estados Unidos

cuando la vuelvas a ver algún día, pero siempre fuiste la favorita de mi madre.

Alfredo hizo un gesto negativo con la cabeza y arqueó las cejas, pero no dijo nada.

Antes de irnos del cementerio, le pregunté a Alfredo:

—Y ahora, ¿para dónde vamos?

—Almuerzo en casa de los suegros de Tania.

En nuestras mentes, nos despedimos de Laura y Río y regresamos al Chevrolet de cuatro puertas de Alfredo.

Condujimos durante treinta minutos hasta una casa en Clifton Street, cerca de la avenida Hillsborough y del aeropuerto.

—Muchas familias cubanas viven en esta zona—explicó Alfredo—. Son principalmente casas de clase media-baja—agregó.

Sin embargo, cuando las miraba, todas estaban pintadas. A diferencia de las casas en Cuba, estas tenían entradas pavimentadas con suficiente espacio para aparcar carros y grandes patios delanteros.

Alfredo dobló de la calle hacia el parqueo de la casa.

—Estamos aquí—anunció.

Al igual que las demás, la casa estaba pintada de un color pastel. En este caso, de color crema. La casa tenía una elaborada puerta roja y un portal con suelos de losa. Los dos sillones en el portal me recordaban a los de mi casa.

Como si supiera que la puerta principal estaría abierta, Tania entró sin tocar. Alfredo y yo la seguimos. Momentos después, nos encontramos en la sala. Vi nuestro reflejo en la pared de espejos detrás del sofá seccional. Me parecía a las mujeres de los campos de concentración de Hitler. Medía casi cinco pies y ocho pulgadas, demasiado alta para mi peso actual de unas cien libras.

—¡Madeline, Guillermo, estamos aquí! —Tania anunció y nos pidió que nos sentáramos en el acogedor sofá.

En el comedor contiguo, la mesa con capacidad para seis personas ya estaba lista para el almuerzo. El aroma de la comida recién cocinada inundó nuestros sentidos.

—La comida huele muy sabrosa—dijo Alfredo. Siempre tan comelón.

Las paredes y la mesita de la sala estaban llenas de fotos familiares: algunas de Tania y su esposo Phil y otras de niños.

—Esos son sus tres nietos—explicó Tania. Luego señaló la foto de su hijo, uno de los tres nietos de sus suegros. En la foto, tendría unos cuatro años, pero ya era un hombre casado.

Mirar todas estas fotos me hizo darme cuenta de las experiencias que me había perdido. Mientras yo estaba sentada frente a un piano en Cuba entreteniendo a los turistas, estancada en una máquina del tiempo, la vida en los Estados Unidos había pasado como un destello de luz. Esta pudo haber sido mi familia. Aunque lo era, me sentía como una extraña. Era como si no perteneciera.

Madeline y Guillermo, ambos septuagenarios, aparecieron de repente y me saludaron como si me conocieran de toda la vida. Nos levantamos del sofá. Madeline era alta, como mi madre, y tenía el mismo pelo grueso y oscuro. Guillermo era aproximadamente una pulgada más bajo que ella y tenía la piel

Los Estados Unidos

bronceada y los ojos pequeños como los de mi papá. También había perdido la mayor parte de su cabello.

—Ay, Dios mío—dijo Madeline, abrazándome y besándome—. Te ves tan jovencita.

—Lo sé. Estoy tan flaca que parezco una niña.

—Bueno—dijo Guillermo con una sonrisa brillante—. Pues prepárate para comer porque Madeline cocinó un gran festín.

Jugué con las manos y miré hacia abajo. Estas personas eran demasiado mayores para cocinar para mí. Debería haber sido al revés.

—Así es —dijo Madeline—. Te debes de estar muriendo de hambre. Vengan al comedor y siéntense.

Obedecimos. A medida que ella servía cada plato, se lo entregaba a Tania para que lo pusiera sobre la mesa. Entonces, Madeline me dijo:

—Alfredo me contó mucho sobre ti. Tanto que siento que te conozco.

—Espero que todo haya sido bueno—dije, mirando fijamente a mi hermano.

Madeline esbozó una sonrisa amable.

—Por supuesto que lo fue. Tu hermano te adora. Estaba tan emocionado por tu llegada que nos emocionó a todos.

Momentos después, cuando Tania colocó un plato enorme con carne de puerco, frijoles negros, arroz y plátanos frente a mí, pensé que estaba soñando.

Después de que todos se sentaron, comí lentamente, con la esperanza de terminar todo el plato, saboreando los elaborados condimentos casi imposibles de encontrar en Cuba.

Los Estados Unidos

—Alfredo me dice que eres una pianista talentosa—dijo Madeline.

—No sé si tengo talento, solo que soy pianista.

—Buena pianista y muy modesta ¿Y qué te gusta tocar en el piano? —preguntó Guillermo—. A mí me gusta cantar.

Antes que yo pudiera contestar, Tania dijo:

—Así es. Guillermo y yo cantamos juntos en el carro cada vez que vamos a Miami.

Entonces, respondiéndole a Guillermo, dije:

—Pues toco una variedad de canciones. *Yesterday*; *New York, New York*; *Historia de amor*; *Bésame mucho*; *Extraños en la noche*; y cualquier cosa que la gente me pida que toque.

—Estoy ansiosa de verla tocar mi piano—dijo Tania.

La conversación alrededor de la mesa luego cambió a la familia en crecimiento. Después de un rato, me di cuenta de que todos habían terminado su comida, pero a mí todavía me quedaba la mitad de la mía. No quería parecer desagradecida. Sin embargo, sentía que mi estómago estaba a punto de estallar. Madeline se dio cuenta.

—¿No te gusta? —preguntó.

—Me encanta, pero no estoy acostumbrada a comer tanto—le expliqué.

No le dije que tenía ganas de llorar al ver tanta comida.

—Debes tratar de comer para que la comida no se desperdicie—dijo Alfredo.

Quise darle un pisotón, pero en vez de hacerlo, me quedé mirándolo.

—Déjala tranquila, Alfredo —dijo Madeline—. No necesita comérselo todo.

—Le daré lo que me queda a mi hermano— sugerí.

—Me lo comeré—dijo Alfredo con entusiasmo.

—¡Es por eso por lo que no te sirve la camisa! — dije y todos se echaron a reír.

—¿Y dónde está tu esposo, Tania? —pregunté.

—En el trabajo, pero me tomé el día libre— respondió Tania.

La amabilidad de Tania me conmovió profundamente. Me di cuenta de que había heredado la gentileza de Laura.

Después de un delicioso almuerzo, seguido de un pedazo de flan, llevamos nuestra conversación a la sala y la mantuvimos durante una hora sobre una taza de café.

—Me gustaría estar en mi casa antes del tráfico de la hora pico—dijo Tania. Yo no estaba familiarizada con ese concepto porque en Cuba no existía tal cosa.

—¿Qué es eso? —pregunté.

—Cuando todo el mundo sale del trabajo más o menos a la misma hora y las carreteras se vuelven imposibles—explicó Tania.

Les agradecí a Madeline y a Guillermo por su hospitalidad. Durante mi visita, me di cuenta de que eran personas sencillas. Guillermo trabajaba en los astilleros reparando barcos, mientras que Madeline limpiaba pisos en las escuelas del condado de Hillsborough. Sin embargo, eran los propietarios de su hermosa casa, libres de deudas, y disfrutaban de una jubilación cómoda. Si vivieran en Cuba, nunca podrían haber vivido así.

Los Estados Unidos

Estaba empezando a entender por qué tanta gente arriesgaba su vida para vivir aquí. Claro que Alfredo me había explicado que las ansias de vivir en libertad eran otro motivo muy poderoso. Después de salir de la casa en la calle Clifton, Alfredo nos llevó a Tania y a mí por la ciudad de Tampa. Me mostró el estadio, el enorme parque frente a él y el vecindario de *West Tampa*, otra zona predominantemente cubana. Se detuvo en *Florida Bakery*, una dulcería, y me compró un éclair.

—¿Quieres que me explote? —Le pregunté.

—Dios, estás siendo muy difícil hoy—respondió Alfredo y Tania soltó una risita.

Pero no pude decirle que no a aquel cremoso *éclair*, así que me lo devoré.

Luego nos dirigimos al área de Carrollwood, en la parte norte de Tampa, donde vivía Tania. Tenía muchas ganas de visitar su casa y de darle una serenata en su piano.

Capítulo 42

Los hijos de Laura

Eran casi las cinco cuando llegamos a la casa de Tania en Carrollwood. Alfredo se estacionó frente a su garaje de dos autos, junto a un Toyota Camry gris brillante.

—Mi esposo está aquí —comentó Tania—. Probablemente salió temprano del trabajo.

Me quedé asombrada cuando miré a mi alrededor: desde el jardín bien cuidado, no solo frente a la casa de Tania, sino también frente a todas las casas del barrio, con una combinación de árboles altos, arbustos cortados uniformemente y césped saludable y bien podado. Era como una sonata en verde.

La casa parecía mucho más nueva que la de Madeline, con un techo más inclinado que dejaba ver sus tejas rojizas.

—¡Oye! Te la comiste—le dije, usando una frase callejera de asombro.

Tania se echó a reír.

—Eres comiquísima. No es nada del otro mundo. Hay casas mucho más bonitas en Tampa, en lugares como Ávila. Mi padre me hablaba de las mansiones que veía allí.

—¿Qué hacía allí?

Los hijos de Laura

—Fue hace años, a finales de la década de 1980. Un médico que vivía allí le pidió que construyera una escalera de cristal.

—¿De cristal? La verdad que hay que tener ganas de botar el dinero cuando decides pagar por una escalera de cristal. Y eso es, sin mencionar el riesgo adicional de resbalones y caídas.

Una vez más, Tania se echó a reír mientras caminaba hacia la entrada, llave en mano. Tania debió haber pensado que yo estaba bromeando, pero no era así. En Cuba, los médicos eran pobres, como todo el mundo. Bueno, todos, excepto los que están bien conectados con el gobierno. Eso me hizo pensar y reconsiderar lo que había dicho. Tal vez me equivoqué. Si el médico ganó su dinero a través de años de estudio y trabajo duro, ¿a quién le importaba cómo se lo gastaba? De hecho, su idea de construir una escalera de cristal le permitió a la familia de Tania ganarse la vida.

Al menos en los Estados Unidos, personas como Tania y otros trabajadores de la salud podían alcanzar un alto nivel de vida. Alfredo me contó que Tania tenía dos maestrías. Ella y su esposo (quien tenía una maestría en administración de empresas) habían trabajado muy duro para conseguir lo que tenían. Trabajaron a tiempo completo y asistían a la universidad por la noche, todo mientras criaban a un hijo.

—Phil, estamos aquí —anunció Tania cuando entramos—, y procedió a abrir las persianas verticales frente a las puertas corredizas dobles que conducían al gran portal trasero.

—Hermosa casa, Tania —dije.

Los hijos de Laura

Me dio las gracias mientras abría un par de puertas dobles que conducían a la sala del piano.

—Ay, Dios mío, ¡este es tu piano! ¿Lo puedo tocar?

—Estoy ansiosa de escucharte—respondió Tania.

La habitación estaba amueblada con solo un sofá, un piano vertical negro y un puñado de fotos de la familia encima. Alfredo y Tania se sentaron uno al lado del otro en el sofá y empecé a tocar.

—Sonido impresionante—dije mientras tocaba.

—¡Lo es! —replicó Tania—. Mi piano nunca sonó tan bien.

—Me refiero a la afinación del piano, no a mi música.

—Y me refiero a tu forma de tocar. Eres prodigiosa.

Le di las gracias y seguí tocando viejas canciones cubanas, como *Bésame Mucho,* que pensé que ella apreciaría. A juzgar por sus comentarios, las disfrutó. Mientras tocaba, no me di cuenta de que Phil se había unido a Tania y Alfredo y había traído una silla del comedor para sentarse y mirarme tocar.

Después de un tiempo, dejé de tocar y todos aplaudieron.

—Eres increíble—dijo Phil.

Me levanté rápidamente del banco del piano.

—¡Ay, Dios mío! Tú debes ser Phil. Tania me ha hablado mucho de ti.

Phil, todavía con su ropa de trabajo (una camisa blanca de manga larga y un par de pantalones azules), trató de estrecharme la mano. En cambio, lo abracé y lo besé en la mejilla, lo que, aparentemente, lo hizo sentir incómodo. Me di cuenta de su nerviosismo y de las risitas de Tania.

—Lo siento. En Cuba nos abrazamos y nos besamos mucho.

—No te preocupes. Crecí en los Estados Unidos, pero veo a mamá besando y abrazando a todos. Así que lo entiendo.

Phil era mucho más alto que su padre, pero calvo como él. A diferencia de él, usaba espejuelos y tenía un bigote delgado. Pero tenía una sonrisa amable.

—Entonces, ¿qué vamos a hacer para la cena? —preguntó Phil alegremente.

—Nos reuniremos todos en el restaurante *Carabba's* esta noche en Sheldon Road. Mis hermanos y sus cónyuges se reunirán con nosotros para darle la bienvenida a Milagros—dijo Tania.

—¿Más comida? —pregunté—. ¿Están tratando de matarme?

Todos se rieron. No sabía por qué la gente se reía de todo lo que decía. Honestamente, no estaba tratando de ser graciosa. Solo expresaba lo que sentía.

Me preocupaba lo que pasaría si comiera más. ¿Me reventaría? Después de todo, mi estómago tenía una capacidad limitada.

—¿Dónde está el baño? —pregunté.

—El baño de visitantes está en el pasillo a tu izquierda.

—¿Baño de visitantes? ¿Quieres decir que tienes más de un baño?

Una vez más, todos se rieron y yo me sentí incómoda. Hubiera querido que Alfredo me hubiera dado todos estos detalles antes, para que estas cosas no me sorprendieran tanto.

El baño no se parecía a ninguno de los de las casas de los cubanos de a pie en Cuba. El inodoro y el lavabo estaban brillantes y limpios, al igual que los pisos de baldosas. No pude ver ni una sola baldosa rota.

Mientras estaba allí, decidí que, a partir de ese momento, guardaría mis reacciones para mí misma. Después de todo, vivía en el centro de La Habana y había viajado al extranjero. No era como si no hubiera visto lugares bonitos. Claro, no había visitado a la gente en las ciudades por las que viajé. Por eso, era normal que me sorprendieran estas nuevas experiencias. Pero no quería que la gente se riera de mí, aunque fuera con amor.

Aquella noche, nos reunimos con los hermanos de Tania y sus cónyuges en un restaurante italiano llamado *Carrabba's*. Qué tonta era yo. Pensé que todos los restaurantes italianos incluían pizza y espaguetis en el menú. Y tal vez era así, pero Alfredo no pudo encontrarlos (posiblemente porque su inglés no era muy bueno). Así que en lugar de pedir ayuda, me pidió una sopa. Se veía buena, pero cuando la probé, abrí mucho los ojos y la pateé debajo de la mesa.

—¿Qué pasa? —murmuró.

—¡Picante! —susurré, sintiendo como si mi boca estuviera en llamas.

Tomé un par de cucharadas más, con la esperanza de que mejorara, pero terminé con ampollas en la boca. Así que ahí estaba yo, mirando a todos los demás disfrutando de sus selecciones, mientras yo intentaba hacer todo lo posible por ocultar el dolor.

—¿Te gusta? —preguntó Tania.

Asentí con entusiasmo sin decir nada. Finalmente, Alfredo tomó mi sopa y me dio un pedazo de su pan. Al menos, la presión de tener que tomarme la sopa había desaparecido.

Aquella noche, conocí al resto de los hijos de Laura. Cada uno de ellos era muy diferente del otro. Lynette, la hija del medio, tenía el pelo largo como el de su hermana, pero era más gruesa, aunque muy bien formada. Era alegre y hacía bromas sobre tonterías. Al menos, ahora los que me rodeaban podían reírse de otra persona. Tenía dos hijos propios y tres hijastros de su segundo matrimonio. Gustavo era tan guapo como lo había sido su padre. De hecho, por un momento, pensé que estaba mirando a Río. Tenía la piel bronceada y los músculos fuertes. Tanto Lynette como Gustavo estaban casados con personas que no tenían procedencia cubana y no hablaban español, por lo que solo podía comunicarme con ellos mediante gestos.

Aquella noche, me di cuenta de que no importaba si uno recibía educación en los Estados Unidos. Había muchos caminos hacia el éxito. Gustavo llevaba más de veinte años trabajando en una cristalería y era inventor. Era responsable del crecimiento de la empresa donde trabajaba, en parte gracias a los inventos que había desarrollado y a su experiencia en proyectos comerciales. Por lo tanto, recibía el mismo salario que alguien con un título, aunque no lo tuviera. Lynette trabajó en el mismo sistema hospitalario durante más de veinte años. Tenía un buen plan de retiro y ganaba bien dinero, a pesar de haber completado solo un par de clases universitarias.

Entonces entendí que mi abuela Raimunda se había equivocado. No debería haberles inculcado a sus hijos el miedo a salir de Cuba ni a emigrar. Mi vida habría sido muy diferente si ella no lo hubiera hecho.

Capítulo 43

Crucero de siete días

Alfredo me había dicho que teníamos un itinerario repleto y no estaba bromeando: un crucero de siete días, un viaje a *Walt Disney World* y unas vacaciones de siete días en Las Vegas. Pensé que había perdido la razón. ¿Por qué gastaría tanto dinero en mí? No merecía su generosidad, así que se lo dije.

—Déjame hacer esto por ti, ¿de acuerdo? —dijo.

—¿Pero por qué? —pregunté.

—No necesito una razón.

Era cierto que no la necesitaba, pero ¿por qué tanto? Pero no se podía discutir con él. Además, ya lo había pagado todo.

El día antes del crucero, Alfredo y yo manejamos hasta Miami, un viaje de cinco horas desde Tampa que nos llevó por *Alligator Alley*. Este tramo de carretera de 80 millas cruzaba la Reserva Nacional *Big Cypress* y los *Everglades*, un área repleta de vida silvestre.

Aquella noche, nos alojamos en el apartamento de tres habitaciones de Alfredito, que compartía con su madre y su hermano William. El complejo de apartamentos tenía varios edificios y una gran área de entretenimiento con una piscina gigantesca y un spa climatizado. El área alrededor de la piscina tenía varias mesas, sillas y sombrillas. El apartamento estaba muy bien amueblado. Su acogedora sala incluía un sofá de cuero color crema y otro de dos asientos, con almohadas decorativas a juego, y una mesa de cristal con un elegante arreglo floral. Al otro lado de la mesa, un centro de entretenimiento tenía un enorme televisor. Esa noche, nos sentamos al frente del televisor, comimos pizza y bebimos cerveza.

Al día siguiente, Alfredito y William nos llevaron al puerto de Miami, donde nos reunimos con nuestra prima Magaly. Mientras estuve en Cuba, hablé con ella un par de veces por teléfono, pero no la vi en persona hasta el día del crucero. Aunque tenía mi edad, parecía tener unos cincuenta años. Tenía la piel clara, el pelo oscuro y una bonita sonrisa. Magaly, de personalidad accesible y divertida, trabajaba en la industria de los cruceros y había viajado por todo el mundo.

Ese domingo soleado, cuando Alfredo, Magaly (que también vivía en Miami) y yo abordamos el barco de Royal Caribbean en el Puerto de Miami, parecíamos turistas. Llevábamos sombreros de paja, gafas de sol, pantalones cortos y pulóveres. Después de que los empleados del crucero nos tomaron las fotos, abordamos el impresionante barco moderno de varios pisos. Nunca había visto nada igual. Sin embargo, mantuve mis emociones bajo control. Me maravillé de lo que me rodeaba en mi cabeza y actué como si no fuera mi primer crucero, como si estuviera acostumbrada a todo lo que sucedía a mi alrededor.

Crucero de siete días

El crucero nos llevaría a *Dry Tortugas, Punta Cana* y *Montego Bay* (Jamaica). Nuestra habitación interior (la opción menos costosa) no estaba lista, así que Alfredo sugirió que fuéramos a la cafetería a almorzar. Magaly desayunó tarde, así que fue a tomar el sol en la terraza. Alfredo me dijo mientras montábamos en el ascensor de cristal hacia el piso donde estaba localizado el restaurante:

—¡Te va a encantar! Hay una gran selección no solo de comidas, sino también de postres. Y todo lo que quieras comer.

Cuando hablaba, la felicidad irradiaba de él. Me sentía mal por este hombre maduro, con profundos surcos entre las cejas y debajo de las mejillas y arrugas alrededor de los ojos. Era como si estuviera tratando de compensar la forma en que me trataba cuando era niña. Pero no tenía por qué hacerlo. No entendía que el verdadero amor fuera indulgente y ciego ante las imperfecciones.

—Eres un buen hermano —le dije—. Nunca olvidaré lo que estás haciendo por mí.

Esbozó una amplia sonrisa. No podía creer lo mucho que los años lo habían cambiado. Tenía setenta años, pero todavía se veía guapo. Aunque le encantaba comer, caminaba todos los días y se mantenía al día con sus citas médicas. Vivía en un complejo de apartamentos para personas mayores de bajos ingresos, junto al río Hillsborough, en Tampa. Así que todas las mañanas se sentaba afuera con una taza de café cubano y miraba al río y a sus alrededores, a la exuberante vegetación y a la variedad de aves que hacían su hogar en esa zona. Ese era el apartamento que Laura le había ayudado a encontrar durante sus últimos años de vida para que tuviera un lugar asequible donde vivir. Gracias a Laura, Alfredo había podido ahorrar el dinero para regalarme unas vacaciones como estas. Cuando se abrieron las puertas del ascensor, pude escuchar cubiertos, platos y múltiples conversaciones. Un gran grupo de personas esperaba junto al conjunto de ascensores. El comedor estaba tan lleno que Alfredo sugirió que buscáramos un lugar para sentarnos primero. Tuvimos que caminar por las múltiples secciones del restaurante hasta encontrar dos asientos libres.

—Quédate aquí. Iré por nuestra comida. ¿Qué quieres comer?

Me encogí de hombros.

—No lo sé. No como mucho. Lo que creas que es mejor. Eso sí, no me traigas demasiado. Prefiero dejar espacio para los postres.

—¡Perfecto!

Alfredo regresó veinte minutos después con una bandeja con dos platos repletos de una variedad de alimentos, algunos de los cuales no reconocí.

—¿Qué es eso anaranjado? —Le pregunté.

—Boniato

—Eso no se parece a ningún boniato que conozco—respondí.

—Es boniato americano. Es muy diferente al boniato cubano, no solo en el sabor, sino también en la apariencia y la consistencia. Te va a encantar.

Lo probé y me gustó, y aún más cuando lo combiné con carne de hamburguesa y un trozo de pollo. Le di a Alfredo lo que no quería y él, felizmente, lo tomó.

219

Crucero de siete días

—Estoy un poco llena y necesito dejar espacio para el postre—le dije.

—Está bien. ¿Te gustó el boniato? —Me preguntó.

—Estaba sabroso.

Alfredo se quedó en su asiento mientras yo iba a por mis postres. Perdí el control cuando vi la variedad de dulcecitos de colores. Así que escogí tres y los cubrí con helado. Alfredo fue entonces por los suyos. Regresó con cuatro de ellos y también los cubrió con helado.

—Si nuestros padres pudieran vernos ahora—dijo Alfredo.

—Tal vez nos estén viendo—respondí.

Después del almuerzo, salimos al área de la piscina, donde la gente se reunía para disfrutar de bebidas y música. Allí, nos reencontramos con Magaly, que estaba disfrutando de una hamburguesa y una Coca-Cola cerca de la piscina.

Tres horas más tarde, después de que nuestro crucero saliera del puerto, fuimos a nuestro camarote, recogimos nuestros chalecos salvavidas y nos preparamos para el simulacro de seguridad.

Entonces comenzó nuestra aventura en el mar. Nunca había estado en un barco, pero el nuestro, por muy grande que fuera, parecía pequeño frente a la inmensidad del océano. Durante uno de nuestros días en el mar, me senté afuera y pensé que, en algún lugar más allá de aquellas aguas, estaba Cuba. Esa isla guardaba los restos de mis padres y de mi abuela y fue testigo de muchos momentos felices en mi vida (y también tristes).

Pero no quería estar triste. Quería disfrutar de este crucero con mi hermano y Magaly. Así, todos

Crucero de siete días

los días, Magaly nos leía el programa del día, un documento que incluía el horario de cada actividad del barco. Cada día, asistíamos a los juegos y a los coloridos espectáculos.

Durante los días de puerto, me complació descubrir que *Punta Cana* (en la República Dominicana) y *Montego Bay* (en Jamaica) tenían el mismo ambiente tropical que Cuba, con sus impecables playas de arena y su exuberante vegetación. Los resorts de playa que visitamos estaban muy concurridos y bien mantenidos y la música de estilo jamaiquino rebotaba de las bocinas.

Durante una de las últimas noches, mientras bordeábamos el extremo occidental de Cuba, en el camino de regreso a Miami, nuestro barco comenzó a balancearse salvajemente. Acabábamos de terminar la cena, pero otro grupo estaba entrando y oímos el sonido de vasos y platos al caer al suelo. Me asusté mucho.

—¿Vamos a estar bien? —Le pregunté.

—Tenemos un equipo experimentado—respondió Magaly—. Ellos saben lo que tienen que hacer.

Por suerte, llevábamos parches para el mareo, pero los pasajeros que no los traían pagaron el precio.

—Deberíamos ir hacia el centro de la nave —sugirió Magaly—. Hay entretenimiento allí.

Escuchamos y nos sentamos en cómodas sillas para ver a un pianista muy talentoso. El piano sonaba tan bien que me hizo olvidarme por un rato del barco que se balanceaba. Después de que las olas golpearan nuestro barco durante una hora, el capitán anunció que, debido al mal tiempo, tendría que darle la vuelta y esperar a que pasara la tormenta. A pesar del mal tiempo, las actividades del barco no se cancelaron. Me impresionaron el talento de los cantantes y bailarines de los espectáculos, así como el énfasis de los empleados en el servicio al cliente, algo que no había experimentado antes. Al día siguiente, llegamos a Miami a la hora designada. Magaly me dijo que, en medio de la noche, el clima mejoró y el capitán pudo volver a dar la vuelta al barco.

Al desembarcar, volví a agradecerle a Alfredo por darme tan bellos recuerdos.

—Gracias también a Magaly —dijo—. Ella nos pasó sus descuentos.

Le di las gracias y sonreí, pensando en mis padres. Nos habían enseñado a ser ahorrativos. A pesar de que Alfredo mostró su espíritu generoso, lo hizo al menor costo posible, algo que yo celebraba.

Tenía ganas de descubrir otros lugares mágicos a los que Alfredo planeaba llevarme.

Capítulo 44

Walt Disney World

El día después de que terminara nuestro crucero, Alfredito llevó a su hijo Andy (quien ya era casi un adolescente), a William, a Alfredo y a mí a Orlando, Florida, para visitar *Walt Disney World*.

—¿Por qué me llevas a Walt Disney World? —le pregunté a Alfredo.

—¿La verdadera razón? —preguntó.

—¡Por supuesto!

—Walt Disney era un soñador, como tú. Así que pensé que te gustaría ver el lugar que creó.

—¿Es malo ser un soñador? —pregunté.

—Alguna vez pensé que lo era, pero ya no. El mundo necesita más gente como tú.

Alfredo no se comportaba como el hermano que yo conocía. Los años separados lo habían cambiado.

Andy estaba muy emocionado.

—¡Te encantarán todas las atracciones! —Me dijo, con los ojos marrones llenos de felicidad.

—Estoy segura de que me gustarán mucho.

Nos encontramos con mucho tráfico en la carretera I-95, pero llegamos al parque solo treinta minutos más tarde de lo esperado.

Al llegar, nos paramos al final de una de las largas colas que se parecían a las de Cuba cuando el pollo llegaba a las bodegas, con la excepción de

223

que estas colas se movían mucho más rápido. Cuando entramos al parque, me sentí como si estuviera en un cuento de hadas. La música, el ambiente alegre, el hermoso castillo en medio del parque y los personajes de Disney, que les traían sonrisas a los rostros de niños y adultos por igual, me provocaron una explosión de sentidos.

Los creadores de este parque prestaron atención a cada detalle, desde los cuidados jardines hasta la música alegre que me hizo sentir como una niña.

—Debemos ir primero a la atracción «Space Mountain», —sugirió Alfredito y nadie se opuso.

Mientras caminábamos por el parque de diversiones hacia esta atracción (Montaña del Espacio), nadie me dio detalles sobre lo que me esperaba. Más tarde, mientras hacíamos otra larga cola para entrar en la atracción, la alegría de Alfredito aumentó.

—¡Me encanta esta atracción!

Andy y William se hicieron eco de sus sentimientos.

—Cuando hay tanta gente esperando, debe ser bueno—dije.

—¡Es fantástico! —Alfredito respondió y le dio un codazo a William.

William sonrió maliciosamente, lo que me hizo pensar que él y su hermano estaban tramando algo. Alfredo, demasiado distraído al observar a las familias que nos rodeaban, no se dio cuenta.

Pronto sabría qué tenían reservado mis sobrinos para mí. Me pidieron que tomara el primer asiento. Unos minutos después, me di cuenta de que no era una buena idea sentarme allí. William se sentó detrás de mí, seguido de Alfredo.

—Agárrate fuerte, tía Milagros—dijo William antes de que comenzáramos a movernos.

—¿A qué te refieres? —pregunté. Pero no hubo tiempo para que respondiera. Momentos después, estábamos envueltos en la oscuridad e íbamos a toda velocidad. Podía oír a la gente gritar, pero no ver a nadie. Me aferré a mi asiento, sin poder decir una palabra. Mi corazón latía con fuerza y las palmas de mis manos se humedecieron. También tenía una necesidad urgente de ir al baño.

—¡Qué rico! ¿Te gusta, tía? —Gritó William.

—¡Por supuesto que no! —le grité frenéticamente—. ¿Por qué no me dijiste que era tan rápido? Podía oírlo reír.

—Vamos, Tía. ¡Es divertido! ¡Sí!

Cerré los ojos y tensé cada músculo de mi cuerpo, consumida por el miedo y sin poder decir nada más. En un momento dado, sentí un destello de luz. Entonces, todo terminó. Me sentí un poco mareado cuando bajé de la atracción.

—Vamos, tía Milagros, no fue tan malo—dijo William.

—Tú y tu hermano sabían lo rápido que era y no me lo dijeron—les dije—. Eso no está bien. Deberían habérmelo dicho.

Alfredito y su hijo bajaron de la atracción y se unieron a nosotros.

—Fue divertido, Tía. ¿No fue así? —dijo Alfredito, riéndose.

—¡No fue divertido! ¡No fue nada divertido!

—No sabíamos que le tenías miedo a la velocidad—dijo William.

—Déjame preguntarte, William. ¿Cuántos años tengo? ¿Cuándo he estado en una atracción como esta? No es difícil entenderlo. Pensé que me iba a dar un infarto. ¡Casi me matas!

—Lo sentimos, Tía. Te lo haremos saber la próxima vez—dijo William.

—¿La próxima vez? Créeme. No habrá una próxima vez.

Alfredito y William seguían riéndose.

—Hola, ustedes dos. Para eso. Milagros tiene razón. Tendríamos que habérselo dicho. Tampoco me gustan mucho estos aparatos tan rápidos. Estoy demasiado viejo para ellos. Discúlpense con su tía.

Lo hicieron y me abrazaron. Entonces, me excusé y corrí al baño.

A partir de ese momento, no fui a ninguna otra atracción a menos que Alfredo me asegurara que era lenta. No podía confiar en mis sobrinos.

Durante el resto de ese día, caminamos por el parque y observamos a las miles de personas de todo el mundo que se habían reunido en este mágico lugar. Entonces pude entender por qué Alfredo me había traído a este lugar. Era increíble la labor que este soñador había realizado al imaginar un lugar como este.

Aparte de mi temeroso tiempo en *Space Mountain*, pasé un día maravilloso viendo los espectáculos, disfrutando de sabrosos helados y de la comida y descubriendo cada una de las atracciones del parque.

Nos alojamos en uno de los resorts de Disney por dos noches y fuimos a *Epcot Center* y *MGM Studios*, otros dos encantadores parques de entretenimiento que me hicieron olvidar que tenía sesenta años.

Mientras conducía a casa, William, que estaba sentado en el asiento del pasajero delantero junto a su hermano, dijo:

—Tía, ¿quieres ver tu foto de Space Mountain?

—¿Foto? ¿Qué foto?

—Lo compré cuando fuiste al baño cuando salimos de *Space Mountain*.

Buscó en una bolsa de plástico y me entregó una foto. La examiné. En ella, William se reía, pero mi rostro parecía desfigurado por el terror. Hice un gesto negativo con la cabeza.

—Eres un sobrino horrible —dije.

—Déjame verla —dijo Alfredo, que estaba sentado entre la ventana y yo.

Se la entregué y la examinó. Trató de contener la risa al principio, pero después de un rato no pudo.

—¿Tú también te vas a reír de mí? —Le pregunté.

—Vamos. Es cómico—dijo Alfredo.

Apreté los labios.

—Bueno, si tuviera que analizarlo con frialdad, supongo que tendrían razón. Me veo horrible pero cómica. Nunca supe que mi cara podría transformarse tanto.

Todos nos reímos. Pensé entonces en los próximos viajes: Las Vegas. En el fondo, me alegraba que solo Alfredo y yo fuéramos allí.

Estar en Walt Disney World me permitió enfrentarme a uno de mis miedos. No me gustó la falta de control que sentí. Pero luego pensé: ¿había algún aspecto de mi vida en Cuba que yo controlara?

Capítulo 45

Los próximos cinco años

Alfredo había planificado tantas salidas durante mi primer viaje a Estados Unidos que apenas tuve tiempo de descansar. En Las Vegas nos hospedamos en el Treasure Island Hotel & Casino, un hotel relativamente asequible ubicado junto al bulevar Las Vegas, con acceso rápido a la Strip, el corazón luminoso y desbordado de la ciudad.

Alfredo y yo recorrimos a pie los hoteles más famosos. Entramos al Venetian, el más impresionante que había visto en mi vida. Tenía góndolas navegando por un canal artificial que parecía no tener fin. Se asemejaba al Gran Canal de Venecia. Nunca habíamos estado en Italia, pero lo supimos cuando escuchamos a una pareja española comentarlo mientras Alfredo y yo nos quedábamos embobados mirando a los turistas flotar en aquellas embarcaciones, como si el mundo fuera solo un paseo.

Nosotros no gastamos un centavo. Nos limitamos a observar desde la orilla, contentos con el espectáculo ajeno.

También visitamos el Bellagio, con sus fuentes iluminadas y su lujo casi exagerado, y el Hotel París, menos majestuoso pero igual de encantador, con su réplica de la Torre Eiffel recortándose contra el cielo de neón.

Los próximos cinco años

Ese primer viaje superó todas mis expectativas. Y, para colmo, ¡subí catorce libras! En Cuba eso sería casi un milagro. Mi familia insistió en que me quedara. Podría haberlo hecho... pero algo me tiraba de regreso a la isla.

¿Era lealtad al lugar donde nací? ¿Era porque allí estaban enterrados mis padres y mi abuela? ¿O era otra cosa, una fuerza que ni yo misma sabía nombrar?

Alfredo tenía razón: yo era una soñadora irremediable.

El día que regresé a Cuba, toda la familia fue a despedirme, temerosa de que aquella fuera la última vez que me verían. Antes de que caminara hacia la puerta de embarque, Alfredo me abrazó con una fuerza inesperada. Sentí su pecho temblar. Supe, sin necesidad de palabras, que estaba a punto de llorar.

Nunca lo había visto así.

¿Qué le pasaba?

Pensé que tal vez era la edad. Siempre escuché que hasta los hombres atraviesan cambios hormonales, aunque a ellos les cueste admitirlo.

Cuando volví a Cuba, regresé a mi rutina como quien vuelve a ponerse ropa vieja: el piano, las largas colas para comprar la cuota mensual, las transacciones del mercado negro, y las salidas ocasionales con amigos. Ya no tenía novio, pero me gustaba ir al cine o a la playa con mis amigas. La vida, como siempre, continuaba a pesar de todo.

Un par de meses después recibí la sorpresa más grande de mi vida: mi familia había solicitado una visa de cinco años para mí.

Los próximos cinco años

Pensé que estaban locos. Estaba segura de que no me la aprobarían. Pero me equivoqué. Cuando recibí la noticia, sentí que el mundo se me abría. A partir de ese momento, tendría lo mejor de ambos lados: Cuba y Estados Unidos. La isla y el otro mundo.

Durante los cinco años siguientes viajé en julio y en diciembre para visitar a Alfredo y a su familia. Me encantaba pasar la Navidad con ellos y ver a todos reunidos alrededor del árbol iluminado, abriendo regalos con esa alegría infantil que solo existe cuando uno tiene comida en la mesa y paz en el corazón.

Uno de los viajes que más recuerdo fue el que hicimos a Cayo Hueso. Visitamos la Pequeña Casa Blanca de Harry S. Truman, construida en 1890, donde el presidente pasaba sus inviernos. Caminamos por la calle Duval y pasamos frente al histórico La Concha Hotel & Spa.

Allí supe algo que me conmovió: los exiliados cubanos habían dejado su huella en Cayo Hueso desde 1871, cuando fundaron el Instituto San Carlos. Fue en ese lugar donde José Martí unió a la comunidad exiliada para preparar la fase final de su campaña por la independencia de Cuba.

Mientras paseábamos por el casco antiguo, entramos en un piano bar. Alfredo, como siempre, no pudo quedarse callado.

Le dijo al dueño que yo era una pianista cubana talentosa que estaba de visita por unos días.

Sentí que me ardía la cara de vergüenza. Pensé que el hombre nos miraría con desprecio y nos pediría que nos fuéramos.

Pero no.

Los próximos cinco años

Sonrió.

—Si quieres, puedes sentarte y tocar melodías cubanas para mis clientes.

Mis ojos se iluminaron.

—¿En serio? —Pregunté, sin creerlo.

—En serio. Toca lo que quieras.

Caminé hacia el piano de cola como si me dirigiera a un altar. Me senté y empecé a tocar. Las notas salieron de mí como agua. Para mi sorpresa, varios clientes se acercaron y dejaron propinas en un vaso alto que el dueño había colocado sobre el piano.

Toqué durante treinta o cuarenta minutos.

Cuando terminé, había ganado unos cincuenta dólares.

Alfredo me miraba como si acabara de conquistar el mundo.

—Si algún día regresas, no dudes en pasar por aquí —me dijo el dueño—. Ha sido un verdadero placer conocerte.

Al salir, Alfredo me abrazó con orgullo.

—Ahora vamos a cenar como se debe —dijo.

—¿Y quieres gastar el dinero en una cena?

—Solo se vive una vez. Hagamos este día inolvidable.

No podíamos permitirnos un restaurante caro, pero encontramos precios razonables en B.O.'s Fish Wagon, en la calle Caroline. No era lujoso, pero el lugar tenía un ambiente alegre y ofrecía comida fresca. Compartimos camarones, frijoles, arroz y aros de cebolla fritos.

Ese tipo de comida, para mí, era un banquete.

Los cinco años en los que pude viajar de ida y vuelta pasaron demasiado rápido. Durante ese

Los próximos cinco años

tiempo Alfredo incluso me llevó a tres cruceros. Cada vez que yo llegaba a Estados Unidos, mi hermano tenía listo un pedacito de paraíso solo para mí.

Y yo, inevitablemente, subía entre diez y quince libras.

Mi doctora se reía y me decía:

—No te preocupes. Come lo que quieras. Desde el momento en que aterrices en José Martí, vas a empezar a bajar de peso sin mover un dedo.

Luego añadía con su humor afilado:

—Cuba tiene ese efecto en la gente, ya tú sabes.

Y no se equivocaba. A los pocos meses siempre lograba perderlo todo.

En 2018 mi visa expiró. Alfredo ya tenía más de setenta años y mis sobrinos hicieron todo lo posible por renovarla. Pero sus esfuerzos no dieron fruto.

El 22 de septiembre de 2018, un día que nunca olvidaré, William me llamó desde su apartamento en Miami.

—Tía... ¿estás sentada? —preguntó. Sonaba tranquilo, como siempre.

—¿Qué pasa?

—Tengo noticias para ti. Pero por favor... toma un poco de agua primero.

—William, me estás asustando. Déjate de juegos y dime qué pasa.

Hubo un silencio.

Luego escuché su respiración pesada.

Y entonces su voz se quebró.

—Tía... lo perdimos esta tarde.

Sentí que el corazón se me aceleraba.

—¿Perdimos a quién? —Pregunté, aunque ya lo sabía. Aunque mi cuerpo ya lo sabía antes que mi mente.

—A mi papá, tía. Se nos fue.

Las lágrimas me inundaron los ojos.

—¿Qué quieres decir? No... por favor... no me hagas esto. Mi hermano no puede estar muerto. Estaba bien cuando me fui. Dime que no es verdad. ¡No él!

—Lo siento tanto, tía —dijo William, y lo escuché llorar—. Pero debes saber que no sufrió. Murió en paz, rodeado de su familia. Todavía está aquí, en casa, con nosotros... y con la enfermera. Alguien vendrá a recogerlo pronto.

Empecé a llorar como si me hubieran arrancado algo del pecho.

Nunca me había dolido así. Ni siquiera cuando perdí a mis padres.

—¿Pero cómo? ¿Qué pasó? ¡No estaba enfermo! —grité.

William respiró hondo, como si cada palabra le costara.

—Tía... claro que estaba enfermo. Pero no quería decírtelo.

—¿Cómo puedes decirme eso?

—No producía glóbulos rojos. Necesitaba transfusiones. Y llegó un momento en que los médicos ya no pudieron seguir dándoselas. Papi quería verte feliz. No quería que lo miraras con lástima.

La verdad cayó sobre mí como un edificio que se derrumba.

—¡Dios mío...! —dije entre sollozos—. ¿Por eso organizó todos esos viajes? ¿Porque sabía que serían

Los próximos cinco años

los últimos que podría hacer conmigo? ¿Cómo se atrevió? ¿Por qué no me lo dijo?

Me llevé una mano al pecho.

—William... mi hermano se ha ido. No sé si voy a sobrevivir a esto. Me voy a morir. La vida no tiene sentido sin él. No sé si podré seguir.

William y yo lloramos en silencio durante un largo rato.

Lloramos por el mejor padre, el mejor hermano, el mejor ser humano que habíamos conocido.

Capítulo 46

El espectáculo debe continuar

Durante meses después de la muerte de mi hermano, se me apagó la voluntad de vivir. Yo había pasado la vida entera intentando ser fuerte, intentando ver el lado bueno de las cosas, como si la esperanza fuera un oficio. Pero la vida fue paciente conmigo: me fue arrancando, uno por uno, a todos los que amaba. Sin prisa. Con precisión. Como quien deshoja una flor hasta dejarla desnuda. Y un día, cuando quise darme cuenta, yo también estaba desnuda por dentro.

Me convertí en una cáscara.

Caminaba por mi apartamento como un fantasma que todavía no sabía que estaba muerto. Respiraba, sí. Comía lo mínimo. Bebía agua cuando me acordaba. Pero nada de eso era vivir. Era solo mantenerse en pie para no caer.

El piano, que había sido mi refugio, se volvió un espejo cruel. Cada tecla era un recuerdo. Cada nota, una ausencia.

Aun así, tocaba.

Tocaba las mismas canciones que Alfredo me escuchó interpretar aquella noche en el piano bar de Cayo Hueso. Las repetía una y otra vez, como si al hacerlo pudiera deshacer el tiempo. Como si la música fuera una cuerda y yo pudiera tirar de ella hasta traerlo de regreso.

El espectáculo debe continuar

Tocaba aunque me doliera.

Porque era mejor sentir el dolor —afilado, verdadero— que sentir el vacío.

El vacío era peor.

El vacío no grita, no llora, no sangra... pero te va borrando.

En esos días no salía. No hablaba. No compraba la cuota del mes.

Me quedaba encerrada, mirando el techo, escuchando el silencio de un hogar que ya no tenía voz. No quería que nadie me viera así. No quería ojos ajenos dentro de mi desgracia. No quería palabras de consuelo, porque el consuelo, cuando se pierde a alguien así, suena a mentira.

Fue entonces cuando Lola, mi vecina, se convirtió en mi destino.

Lola escuchó los murmullos del edificio. Escuchó a los vecinos decir que yo llevaba días sin aparecer. Que no bajaba. Que no abría la puerta. Que algo no andaba bien.

Y Lola, que no era mujer de dejar las cosas a medias, decidió actuar.

Yo no lo sabía, pero durante una visita a Cuba, Alfredo le había dado a Lola los números de teléfono de William y de Alfredito.

Como si lo hubiera presentido.

Como si, incluso después de muerto, mi hermano siguiera organizando mi vida desde algún rincón invisible del universo.

Lola llamó.

Y su llamada atravesó el mar.

Sin decirme nada, contactó a Alfredito. Le contó la verdad. Y Alfredito no dudó. Reservó un vuelo a Cuba como quien corre hacia una casa en llamas.

Cuando llegó, me miró como se mira a alguien que está a punto de desaparecer.

No me regañó. No me exigió nada.

Solo me tomó de la mano.

Y como yo ya no tenía fuerzas para resistirme, lo seguí.

Alfredito reservó una habitación en el Hotel Nacional, el mismo en el que mi padre había sido chef durante la mayor parte de su vida. Me llevó allí a almorzar.

Yo no quería ir.

Pero fui.

Y cuando entré en aquel restaurante elegante, sentí que el aire cambiaba. El lugar olía a historia. A tiempo detenido. A orgullo antiguo.

Me senté.

Y por un instante... lo vi.

A mi padre.

Con su uniforme impecable, moviéndose en la cocina como si el mundo entero dependiera de sus manos. Lo imaginé preparando un plato solo para mí, como si todavía estuviera vivo, como si todavía pudiera protegerme de la tristeza con un buen almuerzo y una mirada tranquila.

Me pregunté si su esencia seguía allí, flotando entre las paredes. Si un lugar puede guardar el alma de alguien, como se guarda una fotografía en un álbum.

Mi padre pudo haberse ido de Cuba cuando se lo pidieron. Pudo haber escapado. Pudo haber elegido otra vida.

Pero no lo hizo.

El espectáculo debe continuar

Y en ese momento comprendí que quizás él y yo éramos iguales. Soñadores. Gente que se aferra a una isla, aunque esta se caiga a pedazos.

Y por primera vez desde la muerte de Alfredo, una idea diminuta se movió dentro de mí. Una chispa.

Tal vez yo podría volver. Tal vez no estaba obligada a quedarme enterrada con mis muertos.

Tal vez la tristeza no tenía que ser mi última patria.

Pero Lola todavía no había terminado conmigo. Porque Lola, mi vecina, mi amiga, mi milagro cotidiano, hizo más que llamar a Alfredito. También buscó a Alegría, la cantante.

Alegría vino a verme.

Me miró a los ojos. Y sin lástima ni drama, me dijo que estaba formando una banda. Que quería que me uniera y yo la dirigiera.

Pensé que estaba loca.

¿Quién iba a contratar a un grupo liderado por mujeres de sesenta y tantos años?

Alegría soltó una carcajada.

—Cuando la vida te patea fuerte —dijo—, tú le devuelves la patada.

Y así nació el regreso.

En 2019 me uní a la banda Alegría.

Volví a tocar en grupo. Volví a sentir el pulso de otros instrumentos acompañándome, como si la música fuera una conversación y yo ya no estuviera hablando sola.

Y poco a poco, sin que nadie lo anunciara, sin ceremonias...la vida regresó. No como un golpe de suerte. Sino como una marea.

Primero tímida. Luego inevitable.

El espectáculo debe continuar

Volví a tocar en bares, restaurantes y clubes. Volví a respirar con el pecho entero.

Y entendí algo que solo se aprende cuando una se rompe: uno no se salva solo.

Es cierto lo que decimos en Cuba: *quien tiene amigos tiene un central.*

Y aquel central —Lola, Alfredito, Alegría— no solo me sostuvo. Me reconstruyó. Me devolvió la música. Me devolvió el alma.

Me devolvió a la vida.

Capítulo 47

Acapulco

—¿A dónde vas tan temprano? —Me preguntó Lola desde su puerta entreabierta.

—A hacer la cola en la bodega. Soñé que hoy vendría el pollo.

Salí con mis mejores tenis, los que mi hermano me compró en 2017, cuando todavía podía viajar y él todavía podía abrazarme. Pantalones azules. Blusa blanca. Uniforme de la esperanza.

—Estás loca. Vas a perder el tiempo.

Tal vez.

En esta ciudad, uno aprende a vivir de rumores y sueños. El pollo es casi una aparición mariana: se anuncia, se comenta, rara vez se ve.

Dicen que en las mipymes de Mariel lo venden por cajas. Mipymes. Palabra nueva para una realidad vieja: vitrinas llenas y bolsillos vacíos. Supuestamente privadas. Claro. Y yo soy dueña del Capitolio. Si me traen diez mil dólares en efectivo, les vendo el edificio completo.

Me río sola. Es mejor que llorar.

En el Vedado hay tiendas donde el mundo parece otro: Nutella, cacao Hershey's, botellas brillantes alineadas como soldados bien alimentados. Lugares diseñados para turistas y para quienes no hacen cola.

Nos dicen que la apertura salvará la economía. Otros dicen que nada cambia cuando las manos siguen siendo las mismas.

Pero hay batallas que no me corresponden. Cuando murió mi hermano, creí que algo en mí también se apagaba. Sin embargo, en las visitas de Alfredito y su hijo entendí que la sangre no desaparece: se transforma. En sus gestos veía a Alfredo. En su risa lo escuchaba.

También descubrí que mi padre nunca abandonó del todo el hotel donde trabajó. Su espíritu sigue en la cocina, entre ollas y vapor, y en el comedor, donde me senté con mi sobrino, recordándolo. Allí decidí que no iba a desperdiciar el don que él defendió con tanta fe.

La música sería mi forma de seguir respirando.

Con Alegría desafiamos al calendario. La edad es un número que se borra cuando el cuerpo todavía obedece. Formamos una banda. Tocábamos en clubes, restaurantes, emisoras. La Habana nos escuchaba.

Y un día lluvioso de 2023, un hombre con acento extranjero nos ofreció Cannes.

Cannes.

La palabra sabía a película y a mar.

Viajamos sin cobrar un centavo, pero con los gastos cubiertos y el orgullo intacto. Cuando llegué a la Costa Azul, pensé que estaba dentro de una postal: yates blancos alineados como cisnes, palmeras erguidas como reinas, el Mediterráneo respirando despacio.

Busqué en mi teléfono datos sobre los puertos, los amarres, los metros de eslora. Me gusta aprender lo que nunca imaginé que vería.

Después vino Cancún. Luego, Acapulco.

Nos sentíamos invencibles.

Acapulco

La primera noche, tras el concierto, un hombre elegante nos habló de un restaurante frente al mar. Nuevas fechas. Más música. Más horizonte. Acordamos reunirnos el 28 de octubre.

Esa noche, en el hotel, saqué mi pequeño álbum.

—Siempre miras esas fotos —dijo Alegría—. ¿Puedo?

Se detuvo en una imagen en la que yo era casi una niña y él tenía los ojos más intensos que he visto.

—¿Quién es?

—Adam.

El nombre me supo a secreto antiguo.

Le conté la historia. Alegría me escuchó como se escuchan las confesiones.

—Fue el amor de tu vida —dijo.

No respondí.

Mi silencio fue un sí que no quería pronunciar.

***

«La vida es lo que te pasa mientras estás ocupado haciendo otros planes».

El 25 de octubre, de madrugada, el huracán Otis decidió escribir su propia versión de esa frase.

Llegó con furia de categoría cinco. El viento rugía como un animal herido. Las paredes temblaban. La electricidad murió primero. Luego, el silencio.

Alegría y yo nos refugiamos en el baño oscuro, abrazadas a nuestros teléfonos y a mi álbum.

Acapulco

Afuera, el mundo se deshacía en golpes y estruendos.

Pensé: hasta aquí llegué.

El tiempo perdió forma. Gritamos. Lloramos. Rezamos sin palabras.

Cuando salimos, la habitación ya no existía. La cama había desaparecido como si nunca hubiera estado allí. Nuestras maletas, las partituras, los instrumentos... todo tragado por el viento.

Acapulco amaneció irreconocible. Barro, cristales, saqueos, edificios abiertos como heridas.

Caminamos kilómetros buscando agua. La encontramos en una tienda destruida. Cargué los galones como si cargara mi propia supervivencia.

—Nunca imaginé que mi vida podría sentirse peor que en Cuba —murmuré.

Pero la vida no se mide por comparaciones, sino por latidos.

Y yo todavía tenía pulso.

Otis me recordó que aún sabía luchar.

***

Ahora estoy otra vez al borde del camino, esperando el autobús de la embajada.

Pronto volveré a La Habana.

A mi café con leche aguado.

A las paredes descascaradas que me conocen mejor que nadie.

Acapulco

A mi colchón delgado.

A mi apartamento sin pintar.

A mis colas interminables.

Y a mi espera.

Porque hay amores que no regresan.

Pero tampoco se van.

Epílogo

Estoy sentada frente a un piano de cola blanco en un salón inundado de luz, tan vasto que parece un estadio de béisbol. El aire brilla. Todo resplandece. El lugar está lleno de las personas más felices que he visto en mi vida.

Pero algo es distinto. Ya no toco por propinas. Toco para mí.

La música fluye sin esfuerzo, como si siempre hubiera vivido en mis dedos. Me siento tan ligera como aquella noche en que Alfredo me llevó al piano bar de Key West. Cierro los ojos mientras lo toco y lo imagino. Pensar en él me llena de una felicidad que me duele un poco.

Abro los ojos. Y ahí está.

De pie junto al piano, con una sonrisa luminosa, intacto, joven, entero.

—¡Alfredo! Te extrañé tanto —susurro.

—Y yo a ti —responde con la misma voz de siempre.

Mis manos titubean sobre las teclas.

—No creas que te he perdonado por irte así. Eso fue imperdonable.

Su sonrisa se suaviza.

—Sabes que tenía que hacerlo. No podía obligarte a atravesar aquel dolor conmigo.

—No tenías que protegerme. Quería estar a tu lado. Soy tu hermana.

Inclina la cabeza, paciente.

246

Epílogo

—¿Recuerdas lo que decía mamá? Que si arrancabas la curita de golpe, dolía menos que si la quitabas despacio.

Hace una pausa.

—Eso fue lo que hice.

—No tenías derecho —murmuró—. Quería sostener tu mano. Eso es lo que hacen los hermanos.

Sus ojos brillan.

—No quería verte sufrir, mi hermanita. Tal vez... también me estaba protegiendo yo.

Se acerca un poco más.

—¿Me perdonarás?

Lo miro largo rato.

—Lo pensaré —le digo—. Pero no prometo nada.

Él ríe suavemente.

—Eso suena a que sí.

Luego me observa tocar.

—Has mejorado mucho.

—Es distinto tocar cuando no hay miedo, cuando no hay cuentas que pagar, cuando nadie espera nada de ti.

Asiente y me hace un gesto para que continúe.

La música vuelve a elevarse.

Al levantar la vista, veo a mis padres bailando al fondo del salón. Se mueven con una gracia que no recordaba. Mi madre apoya la cabeza en el hombro de mi padre. Parecen jóvenes. Parecen libres.

Un poco más allá, distingo dos figuras familiares.

Laura.

Rio.

Epílogo

Me saludan con la mano, sonrientes. Dejo de tocar un instante y les devuelvo el saludo, con el corazón latiéndome en la garganta. Estoy a punto de levantarme para correr hacia ellos cuando una voz, cálida y segura, me detiene.

—Linda señora —dice un hombre en perfecto español—, ¿sería tan amable de tocar mi canción favorita... *Bésame Mucho*?

Me vuelvo lentamente.

Empiezo a tocar los primeros acordes, pero algo en su mirada me descoloca. Hay en sus ojos un destello antiguo, una sombra conocida.

La melodía se quiebra. Retiro las manos del teclado y lo señalo con el dedo.

—Yo te conozco.

Él sonríe con calma.

—Ha pasado mucho tiempo. Toda una vida.

Mi respiración se vuelve frágil.

—Te ves diferente.

—Es natural —dice—. No soy el hombre que una vez conociste.

Da un paso hacia mí.

—Pero tú... tú estás igual.

Sus ojos no se apartan de los míos.

—Me alegra que me hayas reconocido.

Siento que el tiempo se detiene.

—¿Cómo no iba a hacerlo? —susurro—. He mirado la foto de esos ojos durante más de sesenta años.

Él sonríe.

No como el hombre que el tiempo habría convertido en anciano, sino como el joven que se quedó detenido en mi memoria.

Entonces extiende la mano.

248

Epílogo

Dudo un segundo. No por miedo, sino por si al tocarlo desaparece.

Pero sus dedos rozan los míos.

****

Y el mundo cambia. No hay estruendo ni luz cegadora. Solo una sensación profunda, como si algo que estuvo incompleto durante décadas encajara, por fin, en su lugar.

El salón comienza a desvanecerse lentamente, como una pintura bajo la lluvia. Las risas se vuelven eco. Las paredes se diluyen. El piano deja de pesar bajo mis manos.

Pero la música no se detiene.

Sigue sonando.

No sé si soy yo quien la toca o si la música se toca sola.

Siento que Alfredo se acerca por un lado y mis padres siguen bailando mientras Laura y Rio sonríen. Todo está allí... pero ya no separado.

Adam aprieta mi mano con firmeza.

—Te dije que volvería —murmura.

No sé si realmente lo dijo alguna vez. Tal vez fui yo quien lo imaginó durante sesenta años.

—Tardaste —le respondo, y mi voz ya no tiembla.

—Tenía que esperar el momento oportuno.

El piano desaparece bajo mis dedos.

La luz ya no viene del techo. Viene de todas partes. Y por primera vez en mi vida, no estoy esperando.

No estoy sobreviviendo. No estoy resistiendo. Estoy completa.

Epílogo

La música se convierte en silencio, pero no es un silencio vacío. Es un silencio lleno de todo lo que alguna vez amé.

Y mientras su mano sostiene la mía, entiendo algo que nunca comprendí en la tierra:
Algunos amores no llegan tarde.
Llegan cuando el tiempo termina.

Fotografías

Mi fiesta de quince años. Laura y Rio se encuentran en la parte izquierda de la foto. Mi hermano Alfredo, su esposa y su hijo Alfredito están a la derecha, y Mamá está detrás de mí, al lado de Laura. Año – 1966

Laura, Berta, with Alfredo on my grandmother's lap.

Mis padres y Alfredo.

Fotografías

Alfredo y su esposa el día de su boda.

Fotografías

Mi piano y yo en la casa de Mantilla.

Reconocimientos

Les doy las gracias a:

Lázara Portomeñe, por los testimonios sobre su vida en los que se basó este libro.

William Portomeñe (propietario de Portomeñe LaSuite Hair Salon en Miami) por sus recomendaciones.

A Conchita Hicks y Marta Mayer, por ser fantásticas lectoras beta y por aportar valiosas recomendaciones.

María Fernández, mi tía, por sus recomendaciones sobre la versión en español de este manuscrito.

Susana Mueller, de Susanabooks, por diseñar una magnífica portada y por ser lectora beta de este manuscrito.

Grupo de Facebook *All Things Cuban*, gracias por proporcionar un foro esencial para difundir la historia y la cultura cubana.

Grupo de Facebook *Women Reading Great Books, gracias* por proporcionar un foro esencial para autores y lectores.

Reconocimientos

Mi esposo Iván por hacer sugerencias sobre varios capítulos de este libro. Sus contribuciones han sido invaluables.

Mi suegra, Madeline, y a mi hermana, Lissette, por sus contribuciones.

Mi madre, Milagros, por ser la autora intelectual de mi vida y seguir guiando mis pasos, incluso después de su muerte.

Todos los lectores que continúan apoyándome y compartiendo mis publicaciones y los clubes de lectura que han seleccionado mis libros.

Sobre la autora

Betty Viamontes nació en La Habana, Cuba. A los quince años, Betty y su familia cruzaron el estrecho de Florida en un barco camaronero abarrotado en una noche de tormenta en la que muchas familias perecieron. Después de casi doce años de separación, este viaje reuniría a la familia con el padre de Betty en los Estados Unidos. Betty Viamontes completó sus estudios de posgrado en la Universidad del Sur de la Florida. Entonces comenzó a dedicar su vida a capturar las historias de las personas sin voz.

Las historias de Betty Viamontes han viajado el mundo, desde las galardonadas novelas *Esperando en la calle Zapote* (la historia de su familia) y *Hermanos: Los niños de Pedro Pan* hasta las obras que aparecieron como lanzamientos No. 1 en Amazon:

La niña de Arroyo Blanco
Las niñas de Pedro Pan: Buscando el cierre
Una muchacha llamada Polina
Cartas de amor desde Cuba
Cruzando hacia el norte: Tribulaciones de un médico cubano

Casi todos los libros de Betty Viamontes se basan en historias reales. Otras obras escritas por la autora incluyen:

La Habana: El regreso de un hijo

258

Sobre la autora

La danza de la rosa

Los secretos de Candela y otros cuentos de La Habana

El vuelo del tocororo (colaboración)
Estos libros están disponibles en Amazon en inglés y en español. *Esperando en la calle Zapote* (versión en inglés) fue uno de los ganadores del premio *The Latino Books Into Movies Award* y ha sido seleccionado por un club de lectura de mujeres de las Naciones Unidas, entre otros. La versión en inglés de *Hermanos: Los niños de Pedro Pan* fue galardonada con el premio *Best Historical Fiction en las International Book Awards.*

Sus obras han aparecido en varias publicaciones, incluyendo la prestigiosa revista literaria *The Mailer Review* de la Universidad del Sur de la Florida

El objetivo de Betty es asegurar que las historias del pueblo cubano no se olviden y ser una voz para sus compatriotas.